高等职业教育德育课系列教材

U0853764

毛泽东思想概论

(第三版)

主　编　罗正楷　刘书善
撰稿人　罗正楷　刘书善　王　琪　刘文平
　　　　　黄国铭　赖晓凡　张　斌

中国人民大学出版社
·北京·

高等职业教育德育课系列教材

参编人员及单位

罗正楷　中国人民大学马克思主义学院
王　霁　中国人民大学哲学院
李家华　中国青年政治学院
胡锦光　中国人民大学法学院
陈享光　中国人民大学经济学院
黄天贵　四川工商职业技术学院
尤建国　南京化工职业技术学院
刘书善　陕西能源职业技术学院
李居正　山西财贸职业技术学院
刘炳信　沈阳师范大学职业技术学院
燕国瑞　河北化工医药职业技术学院
王晓昌　河北化工医药职业技术学院
赖晓凡　四川工商职业技术学院
詹三瑞　陕西能源职业技术学院
张晓辉　河北交通职业技术学院
刘晓音　河北交通职业技术学院
王　琪　陕西财经职业技术学院
任　远　江苏信息职业技术学院
曹培之　江苏信息职业技术学院
吉文林　江苏畜牧兽医职业技术学院
李学书　四川工程职业技术学院
寻会云　山西警官职业学院
郑彦魁　四川交通职业技术学院
潘林元　江苏畜牧兽医职业技术学院
张健民　山西省物资学校
吴兴富　南京化工职业技术学院
陈友放　江苏海事职业技术学院
许建琴　陕西交通职业技术学院
鲍双振　河北化工医药职业技术学院

杜小素　山西工程职业技术学院
高凤香　陕西纺织服装职业技术学院
梁玉蓉　四川电力职业技术学院
刘克忠　保定职业技术学院
谢彦华　山西建筑职业技术学院
陆　礼　南京交通职业技术学院
黄国铭　石家庄铁路运输学校
刘文平　无锡无线电工业学校
张　斌　四川工程职业技术学院
杨笑琪　陕西能源职业技术学院
杨永林　山西财贸职业技术学院
李新平　陕西铁路工程职业技术学院
李建中　山西林业职业技术学院
范永军　四川省眉山职业技术学院

修订说明

本书是根据教育部社会科学研究与思想政治工作司颁布的《“毛泽东思想概论”教学基本要求》，结合高等职业教育的实际，集体编写的。

参加本书编写的有：中国人民大学罗正楷教授（第七章）、陕西能源职业技术学院刘书善高级讲师（第一章）、陕西财经职业技术学院王琪高级讲师（绪论）、无锡无线电工业学校刘文平讲师（第二、三章）、石家庄铁路运输学校黄国铭高级讲师（第四章）、四川工商职业技术学院赖晓凡高级讲师（第五章）、四川工程职业技术学院张斌高级讲师（第六章）。全书由罗正楷和刘书善统改、定稿。

鉴于近几年本书使用的情况和毛泽东思想研究的新成果，我们对本书进行了修订，由罗正楷教授定稿。在编写和修订过程中，我们吸收了专家、学者的见解和论述，在此表示感谢。

编　者

2014 年 5 月

目 录

绪 论

马克思主义中国化的第一大理论成果

毛泽东思想是中国共产党的指导思想，是马克思主义普遍原理同中国革命具体实践相结合的产物，是党、国家和各民族人民宝贵的精神财富。纵观中国共产党领导中国人民进行革命和建设的历史，大多数时间都同毛泽东的名字联系在一起，也同毛泽东思想联系在一起。毛泽东思想同中国历史命运和中国共产党的历史命运息息相关，中国共产党把毛泽东思想写在自己的旗帜上，在它的指导下，中国共产党人开辟了中国革命和建设事业的新局面。中国革命和建设的历史证明："没有毛泽东思想，就没有中国共产党"，"没有中国共产党，就没有社会主义的新中国"。

一、毛泽东思想的科学含义

毛泽东思想，就是马克思列宁主义的理论与中国革命的实践之统一的思想，就是中国的共产主义，中国的马克思主义。

——刘少奇

毛泽东思想的提出并确立为党的指导思想

毛泽东思想是属于马克思主义思想体系的科学，但它又具有鲜明的中国特点和个性，是一个具有特定含义的科学概念。毛泽东思想作为一个科学的概念提出并确立为党的指导思想，经历了一个比较长时期的酝酿和认识过程。

1941 年 3 月，党的理论工作者张如心在《共产党人》杂志上发表的《论布尔什维克的教育家》一文中，首次使用了“毛泽东的思想”这一提法。1943 年 7 月，刘少奇写的《清算党内的孟什维主义思想》一文，论述了毛泽东及其思想在中国革命历史中的作用和地位，使用了“毛泽东同志的思想”和“毛泽东同志的思想体系”两个概念。1943 年 7 月 5 日，王稼祥为纪念中国共产党成立 22 周年而写的《中国共产党与中国民族解放的道路》一文中第一次提出了毛泽东思想这个概念。他说，“毛泽东思想是中国的马克思列宁主义，中国的布尔什维主义，中国的共产主义”，毛泽东思想是“马克思列宁主义与中国革命运动实际相结合的结果”。同年 7 月 11 日，中共中央在一个通知中号召全党学习毛泽东思想，并逐步地为全党同志所接受。

1945 年 4 月，党的六届七中（扩大）全会通过的《关于若干历史问题的决议》中，回顾了 1921 年建党以来中国共产党反帝、反封建斗争中取得的伟大成绩，在总结了两次胜利、两次失败的经验教训的同时，比较系统地介绍了以毛泽东为代表的中国共产党人将马克思列宁主义的普遍原理和中国革命的具体实践相结合，在政治、军事、组织、思想各方面创造性地提出的合乎中国实际的一整套理论、路线、方针和政策。这为即将召开的党的七大正式规定毛泽东思想作为全党的指导思想奠定了坚实的基础。

1945 年在延安召开的中国共产党第七次全国代表大会决定把毛泽东思想写入党章，确定毛泽东思想为党的指导思想。刘少奇代表党中央所作的关于修改党章的报告中指出：毛泽东思想“就是马克思主义在目前时代的殖民地、半殖民地、半封建国家民族民主革命中的继续发展，就是马克思主义民族化的优秀典型”；“毛泽东思想，就是马克思列宁主义的理论与中国革命的实践之统一的思想，就是中国的共产主义，中国的马克思主义”。中国共产党七大把毛泽东思想确定为党的指导思想，这是中国革命深入发展的必然结果，反映了中国共产党人对马克思主义认识的飞跃，标志着中国共产党在政治上的更加成熟。

毛泽东思想的科学含义

十一届三中全会以来，邓小平同志多次讲话指出：毛泽东思想是个体系，是发展了的马克思主义。他要求全党同志必须从毛泽东思想的整个体系去获得正确的理解。1981 年 6 月中国共产党十一届六中全会通过的《关于建国以来党的若干历史问题的决议》，其核心就是坚持和发展毛泽东思想。该决议对毛泽东思想的科学含义又一次进行了经典性表述："毛泽东思想是马克思列宁主义在中国的运用和发展，是被实践证明了的关于中国革命的正确的理论原则和经验总结，是中国共产党集体智慧的结晶。"中国共产党第十二次全国代表大会报告对毛泽东思想的科学含义作了重要补充，将上述第二句改为：是被实践证明了的关于中国革命和建设的正确的理论原则和经验总结。中国共产党第十五次全国代表大会也确认了这一表述。

第一，毛泽东思想是马克思列宁主义在中国的运用和发展。马克思列宁主义是普遍真理，是各国无产阶级政党的行动指南，也是毛泽东思想的理论来源和基础。但是马克思列宁主义绝不是适用一切时代和一切国家的一成不变的教条和公式。因此在坚持马克思列宁主义一般原理的同时，又必须勇于探索，依照各国革命和建设的社会历史条件和具体国情特点创造性地运用和发展马克思列宁主义。马克思列宁主义在中国的运用和发展过程，就是马克思列宁主义同中国实际相结合的过程，就是马克思列宁主义中国化的过程。

以毛泽东为代表的中国共产党人，在革命和建设的实践中，在反对教条主义和照搬外国经验的错误倾向的斗争中，运用马克思列宁主义的立场、观点和方法，具体分析中国的国情和社会特点，探索了中国革命的发展规律，找到了具有中国特色的农村包围城市、武装夺取政权的革命道路，实现了马克思列宁主义与中国实际相结合的第一次历史性飞跃。毛泽东思想是中国化的马克思列宁主义，它把马克思主义由欧洲的形式和语言变成中国的民族形式和语言，创立了为中国老百姓所喜闻乐见的、容易理解和接受的具有中国风格和民族特点的科学理论。它以一系列独创性的新观点、新理论，丰富了马克思主义的理论宝库。

第二，毛泽东思想是被实践证明了的关于中国革命和建设的正确理论原则和经验总结。这一命题体现了毛泽东思想客观实践性特点，说明了毛泽东思想同中国革命和建设实践的辩证关系，强调了实践的极端重要性。如果说马克思列宁主义是毛泽东思想产生的理论基础，那么中国革命和建设的实践则是毛泽东思想产生的物质基础。

伟大的实践必然产生伟大的理论。中国共产党以马列主义为指导，领导中国人民进行了长期的革命斗争，经过亿万群众参加的新民主主义革命、社会主义革命和社会主义建设的伟大实践，积累了丰富的经验，在概括和总结经验的基础上，产生了毛泽东思想。

马克思列宁主义、毛泽东思想的实践性决定了它们是一个开放的理论体系。随着无产阶级革命实践的发展，马克思列宁主义得到了不断的丰富和发展。随着中国革命和建设实践的发展，毛泽东思想也必然地丰富和发展。马克思列宁主义、毛泽东思想具有与时俱进的理论品质。在任何条件下，都不能将马克思列宁主义、毛泽东思想当做教条，而只能当做行动的指南。只有这样，才能在新的历史条件下，在新的实践中，不断坚持和发展马克思列宁主义、毛泽东思想。

第三，毛泽东思想是中国共产党集体智慧的结晶。马克思主义认为，历史活动是群众的事业。革命的实践是以群众为主体的。党和人民群众的革命与建设实践以及集体的聪明才智，是毛泽东思想形成和发展的基础。毛泽东思想不只是毛泽东个人的思想，也是他的战友们、党和革命人民智慧的结晶。党的许多领导人，特别是周恩来、刘少奇、朱德等都参与了毛泽东思想的创立，对毛泽东思想的形成和发展做出了重要的贡献。毛泽东的著作和思想，是总结全党实践的结果，集中了党的许多领导人的正确意见。毛泽东的有些重要著作是经过中央集体研究讨论，由毛泽东起草，再经过广泛征求意见，最后由中央定稿的。有的著作是毛泽东同其他同志合写、最后由毛泽东修改完成的。因此，毛泽东思想凝聚着全党的智慧。

毛泽东思想的形成和发展离不开毛泽东个人独特的贡献。他把马克思列宁主义普遍原理同中国革命实践相结合，成功地指导了中国革命和建设，系统地、科学地总结了中国的独创性经验，从而形成了适合中国国情的毛泽东思想。党和人民的集体经验，主要是由毛泽东集中概括、总结出来的，它的内容也集中在毛泽东的著作中，因此，用毛泽东的名字来命名这个学说——毛泽东思想，正像用马克思、列宁的名字命名马克思列宁主义一样，是完全符合历史实际的、公正的。

二、毛泽东思想的科学体系

> 我们不能够只从个别词句来理解毛泽东思想，而必须从毛泽东思想的整个体系去获得正确的理解。
>
> ——邓小平

毛泽东思想作为一种科学指导思想，是由一系列基本理论和活的灵魂构成的科学体系。这个体系属于马克思主义体系范畴，它是以毛泽东为代表的中国共产党人，在中国人民的长期革命和建设实践中，根据马克思主义普遍原理，对一系列实践经验进行理论概括所形成的科学、完整的理论体系。

毛泽东思想的主要内容

毛泽东思想具有多方面的丰富内容，在以下几个方面创造性地丰富和发展了马克思列宁主义：

第一，关于新民主主义革命的理论。以毛泽东为代表的中国共产党人，在把马克思列宁主义同中国实际相结合的基础上创立了新民主主义革命的理论，它是中国新民主主义革命的思想结晶。毛泽东从中国的历史和社会状况出发，深刻地研究了中国社会历史的特点和中国革命的规律，发展了马克思列宁主义关于无产阶级在民主革命中的领导权的思想，创立了无产阶级领导的，工农联盟为基础的，人民大众的，反对帝国主义、封建主义和官僚资本主义的新民主主义革命的理论。新民主主义革命理论是毛泽东思想的重要组成部分。新民主主义革命理论系统地回答了新民主主义革命的性质、对象、任务、动力、前途及道路等一系列基本问题，制定了新民主主义革命的总路线和新民主主义的经济、政治、文化纲领，规定了由新民主主义社会向社会主义社会转变的总任务和主要途径。其中关于中国资产阶级的分析和统一战线政策，关于中国革命中武装斗争的特点和作用，关于中国共产党的自身建设，关于中国革命夺取全国胜利的“工农武装割据”“农村包围城市”道路，都是具有中国特色的独创性理论。

第二，关于社会主义革命和社会主义建设的理论。以毛泽东为代表的中国共产党人从中国实际出发，揭示了中国革命两个阶段（新民主主义革命阶段和社会主义革命阶段）的内在联系，阐明了新民主主义革命向社会主义革命转变的历史必然性，并且从理论上和实践上完成了在中国这样一个占世界人口近四分之一的、经济文化落后的农业大国中建立社会主义制度的艰巨任务，创造性地完成了生产资料私有制的社会主义改造。其中关于人民民主专政的理论，关于严格区分和正确处理敌我矛盾和人民内部矛盾的理论，关于中国工业化的道路，关于调动一切积极因素，化消极因素为积极因素，以团结全国各族人民建设社会主义强国的战略思想等，极大地丰富了马克思列宁主义关于社会主义革命和建设的理论。

第三，关于革命军队的建设和军事战略的理论。以毛泽东为代表的中国共产党人在他们领导的革命战争和创立革命根据地的实践中，系统地提出了建设新型人民军队、进行人民战争和人民战争的战略战术思想。在土地革命战争时期提出了我党的建军思想，在敌强我弱的形势下提出了游击战和运动战的思想，在抗日战争中提出了人民战争的思想，在解放战争中总结出了十大军事原则。这些都是毛泽东对马克思列宁主义军事理论的杰出贡献。新中国成立后，毛泽东提出了必须加强国防、建设现代化革命武装力量（包括海军、空军以及其他技术兵种）和发展现代化国防技术（包括用于自卫的核武器）的重要思想，对我国国防、军队现代化建设起到了极为重要的指导作用。

第四，关于政策和策略的理论。毛泽东精辟地论述了革命斗争中政策和策略的极端重要性，指出“政策和策略是党的生命”，要求各级领导同志务必充分注意，万万不可粗心大意。毛泽东善于根据政治形势、阶级关系和实际情况变化制定出正确的政策，把政策的原则性和策略的灵活性有机地结合起来，充分体现了“敢于斗争”和“善于斗争”，体现了高度的斗争艺术性。例如：弱小的革命力量在变化着的主客观条件下能够最终战胜强大的敌人；战略上要藐视敌人，战术上要重视敌人；要掌握斗争的主要方向，不要四面出击；争取多数、反对少数、各个击破的策略；对打倒的反动阶级成员和分子都要给出路的思想等。

第五，关于思想政治工作和文化工作的理论。毛泽东十分重视意识形态领域的问题，在思想和文化工作方面提出过许多具有重大意义的思想。例如，关于思想政治工作是其他一切工作的生命线的思想；关于发展民族的、科学的、大众的文化，实行百花齐放、百家争鸣、古为今用、洋为中用的思想；关于知识分子必须走与工农相结合的道路，通过学习马列主义和参加斗争实践改造主观世界的思想；关于全心全意为人民服务的思想；关于知识分子又红又专的思想等。

第六，关于党的建设理论。在党的建设上，毛泽东强调要把思想建设放在首位，提出党员不但要在组织上入党，而且要在思想上入党，强调党员的思想改造，要求党员克服各种非无产阶级思想，树立无产阶级思想。他还概括出了党的三大优良作风，即理论与实践相结合的作风，紧密联系人民群众的作风以及批评和自我批评的作风。针对历史上党内斗争中存在过的“残酷斗争，无情打击”的“左”倾错误，他提出了“惩前毖后，治病救人”的正确方针，强调在党内斗争中要达到既弄清思想，又团结同志的目的，创造了全党进行整风运动的马克思主义思想教育形式。建国前夕和建国后，他提出执政党要保持谦虚谨慎、戒骄戒躁、艰苦奋斗的作风，警惕资产阶级的侵蚀，反对脱离群众的官僚主义。

毛泽东思想活的灵魂

毛泽东思想是一个内容十分丰富的科学体系，而实事求是、群众路线、独立自主三个方面是贯穿于各个组成部分的活的灵魂。

实事求是就是从实际出发，理论联系实际，把马克思列宁主义普遍原理同中国具体实践相结合，坚持实践是检验真理的唯一标准。实事求是是毛泽东思想的世界观和方法论基础，是毛泽东思想的精髓。实事求是原意是做学问务必详尽地掌握事实材料，以求得真实知识和符合实际的结论，是指一种严谨求实的学风。以毛泽东为代表的中国共产党人汲取实事求是这一中国传统思想的精华，在革命实践中赋予其新的内涵，逐步使其发展成为以实事求是为基本点的马克思主义思想路线。

毛泽东1930年5月在《反对本本主义》一文中提出，没有调查就没有发言权，“一切结论产生于调查情况的末尾，而不是在它的先头”，“马克思主义的‘本本’是要学习的，但是必须同我国的实际情况相结合”。毛泽东在这篇著作中首次提到了党的思想路线问题，强调共产党人应“从斗争中创造新局面的思想路线”。这标志着党的实事求是思想路线的初步形成。1938年10月，毛泽东在《中国共产党在民族战争中的地位》一文中，首先使用了“实事求是”这一概念，指出：“共产党员应是实事求是的模范，又是具有远见卓识的模范。因为只有实事求是，才能完成确定的任务”，同时提出了使马克思主义中国化的任务，指出，“离开中国特点来谈马克思主义，只是抽象的空洞的马克思主义。”1941年5月，毛泽东在《改造我们的学习》一文中，赋予了实事求是以科学含义：“‘实事’就是客观存在着的一切事物，‘是’就是客观事物的内部联系，即规律性，‘求’就是我们去研究。”从而把实事求是提高到了辩证唯物论的哲学高度，升华为科学的世界观和方法论。1941年冬，毛泽东为延安中央党校题写了“实事求是”四个大字，对党的马克思主义思想路线作了最简明、最精辟的概括。根据这一根本观点，毛泽东在中共七大政治报告中，把理论联系实际的作风规定为中国共产党的三大优良作风的第一条。延安整风运动中和中共七大以后，实事求是不仅成为党的指导原则，而且成为党的行为准则。

实事求是的思想路线要求我们一切从实际出发，理论联系实际，在实践中发现和检验真理，这三个方面是有机的统一，是实事求是的全部内涵，是辩证唯物主义的思想路线，它不但体现了世界观与方法论的统一，主观与客观、理论与实践的历史的统一，还体现了具体问题具体分析的唯物辩证法法则。毛泽东思想就是这一思想路线的产物。翻开我们党的历史，只要我们坚持了实事求是，我们党的革命事业就胜利，就成功；只要我们脱离了实事求是，我们的革命事业就失败，就受挫折，就受损失。无论是第一次大革命的失败，第五次反“围剿”的失败，还是“文化大革命”的浩劫，都是脱离实事求是的结果。中共十一届六中全会以来，以邓小平为核心的第二代中央领导集体恢复了实事求是的思想路线，实现了拨乱反正，我们的党和国家才有了新的辉煌。中国特色社会主义理论体系也是实事求是的产物，实事求是也是中国特色社会主义理论体系的精髓和灵魂。

群众路线就是一切为了群众，一切依靠群众，从群众中来，到群众中去。群众路线是中国共产党的一切工作必须遵循的基本方法和基本路线，也是毛泽东思想的灵魂。人民群众是历史的创造者，这是历史唯物主义的根本观点。以毛泽东为代表的中国共产党人在长期敌强我弱的斗争环境中，把马克思主义的这一观点创造性地运用到党的全部活动中，动员了浩浩荡荡的人民群众，开展了波澜壮阔的革命斗争，取得了中国革命和建设的伟大胜利。群众路线是中国共产党艰苦卓绝斗争经验的高度概括和科学总结。

中国共产党一成立，为了完成反帝反封建的新民主主义革命任务，就提出了发动群众，组织群众，引导群众的任务。大革命时期，以毛泽东为代表的中国共产党人满腔热情地支持工农群众运动，毛泽东1927年的《湖南农民运动考察报告》就集中体现了共产党人相信群众、依靠群众、放手发动群众和尊重群众首创精神的革命思想。土地革命时期，毛泽东在领导红军创建革命根据地的斗争中，把组织群众和发动群众作为红军三大任务之一。1934年1月，毛泽东在《关心群众生活，注意工作方法》一文中，强调“革命战争是群众的战争，只有动员群众才能进行战争，只有依靠群众才能进行战争”，“在革命政府的周围团结起千百万群众来……我们就能消灭一切反革命，我们就能夺取全中国”。毛泽东在《必须注意经济工作》等文中，批评了官僚主义的领导方式，提倡“群众化的方式”等思想。1942年2月，毛泽东在《整顿党的作风》报告中详细论述了党和群众的关系，教育党员密切联系群众。1943年6月，毛泽东为中共中央起草了《关于领导方法的若干问题》文件，科学地总结了党领导革命工作的经验，强调领导工作的基本方法，就是从群众中来，到群众中去的群众路线方法，使党的群众路线上升为成熟的理论形态。1945年4月，毛泽东在七大政治报告中又明确指出，共产党人区别于其他任何政党的一个显著标志，就是和最广大的人民群众取得最密切的联系，全心全意为人民服务，一刻也不脱离群众。中共七大还把群众路线提高到党的根本路线而载入新党章。刘少奇在关于修改党章的报告中，在毛泽东从认识论论证群众路线的基础上，又把群众路线作为党的根本政治路线和组织路线来阐述。

以毛泽东为代表的中国共产党人在长期的革命斗争中，最终形成了党的一切为了群众、一切依靠群众的群众观点和从群众中来、到群众中去的基本方法。群众路线之所以成为毛泽东思想活的灵魂之一，是由唯物史观关于人民群众伟大历史作用的观点所决定的，也是由中国共产党的性质、宗旨决定的。它不但是党的根本政治路线、组织路线，也是党的根本工作方法。正因为中国共产党在长期的革命斗争中和社会主义建设中，始终不渝地坚持这一路线和方法，才使我们党的事业一往无前，从胜利走向胜利。

独立自主的原则，是毛泽东思想活的灵魂的第三个基本内容。独立自主，自力更生，就是从中国的实际出发，依靠本国革命力量和人民群众的努力，走出一条适合本国特点的革命与建设道路，把本国的革命与建设事业办好。独立自主，自力更生，是中国革命和建设的必然结论，是中国革命和建设所坚持和遵循的基本原则，无论过去、现在和将来，都是我们的立足点。

无产阶级革命是国际性事业，需要各国无产阶级发扬国际主义精神互相支援。但要完成这一神圣事业，首先需要各国无产阶级立足于本国，依靠本国的革命力量和人民群众的努力，把本国的革命事业做好。

中国革命发生在一个半殖民地、半封建的大国，许多方面都带有极大的特殊性，没有现成的模式和道路可照搬。因此，坚持独立自主原则，对中国共产党具有更重大的意义。在民主革命初期，中国共产党内曾出现了教条主义、盲动主义，给中国革命造成了挫折和失败。以毛泽东为代表的中国共产党人，正确地总结了这些经验教训，使党逐渐摆脱了教条主义影响，在异常艰苦的革命战争年代逐渐形成了独立自主的原则。

大革命失败以后，以毛泽东为代表的中国共产党人，独立自主地把马克思列宁主义同中国革命的具体实际结合起来，深入农村建立革命根据地，开辟了一条有中国特色的农村包围城市的革命道路。1930 年 5 月，针对党内盛行的教条主义和把外国经验以及共产国际的决议神圣化的错误倾向，毛泽东在《反对本本主义》一文中旗帜鲜明地指出："中国革命斗争的胜利要靠中国同志了解中国情况。"这是独立自主的原则的最初表述。1935 年 1 月召开的遵义会议，中国共产党第一次独立自主地成功地解决了当时最为迫切的军事和组织问题，结束了王明"左"倾冒险主义在中央的统治，确立了毛泽东在全党的领导地位，在危难之中挽救了中国革命。华北事变后，面对日本帝国主义的入侵，毛泽东在《论反对日本帝国主义的策略》一文中严正指出："我们中华民族有同自己的敌人血战到底的气概，有在自力更生的基础上光复旧物的决心，有自立于世界民族之林的能力。"表明独立自主、自力更生是建立在民族自信心基础之上的，与爱国主义密切相连。在抗日民族统一战线中，毛泽东批评了王明"一切经过统一战线""一切服从统一战线"的右倾投降主义错误，坚持独立自主原则，坚持党对八路军的绝对领导。为了解决敌后抗日根据地面临的严重经济困难，以毛泽东为代表的中国共产党人根据自力更生思想，在延安组织了轰轰烈烈的大生产运动，为抗日战争胜利准备了物质条件。在毛泽东独立自主、自力更生思想指导下，中国人民依靠自己的力量，克服了无数困难，取得了抗日战争的胜利。解放战争时期，毛泽东坚持独立自主的原则，顶住了来自共产国际的压力和美国可能出兵干涉的威胁，毅然发动了渡江战役，推翻了国民党反动派在中国的统治，取得了新民主主义革命在全国的胜利。毛泽东当时指出，"我们的方针要放在什么基点上？放在自己力量的基点上，叫做自力更生。""我们能够依靠自己组织的力量，打败一切中外反动派"。这标志着毛泽东独立自主理论的形成。在社会主义建设时期，以毛泽东为代表的中国共产党人坚持独立自主、自力更生的原则，领导中国实现了生产资料私有制的社会主义改造，建立了社会主义经济基础，并在不长时间内，取得了经济建设的巨大成就。1958 年，毛泽东在《独立自主地搞建设》中指出，"自力更生为主，争取外援为辅，破除迷信，独立自主地干工业、干农业、干技术革命和文化革命，打倒奴隶思想，埋葬教条主义，认真学习外国的好经验，也一定研究外国的坏经验——引以为戒，这就是我们的路线。"正因为坚持了独立自主、自力更生的原则，我们战胜了帝国主义的封锁，顶住了苏联的压力，捍卫了国家主权，依靠自己力量逐步建立起了比较完整的工业和国民经济体系。在外交方面，以毛泽东为代表的中国共产党人坚持独立自主的和平外交政策，得到了世界上爱好和平的国家和人民的拥护和支持。

独立自主、自力更生的原则，反映了无产阶级的革命立场和创造精神，体现了辩证唯物主义和历史唯物主义的基本原理，其核心是把马克思列宁主义普遍原理同中国具体实际相结合，实事求是地找出适合国情的革命和建设道路。中国的事情要按中国的情况来办，要依靠中国人自己的力量来办。毛泽东在坚持独立自主、自力更生原则时，十分注意辩证地处理好自力更生与争取外援的关系，处理好统一性与独立性的关系，处理好国际主义与爱国主义的关系，反对单纯依靠外援的思想，反对一味闹独立性不要统一性倾向，反对狭隘民族主义错误。坚持独立自主、自力更生的原则，还必须发扬艰苦奋斗的革命精神。

实事求是、群众路线和独立自主，是贯穿于毛泽东思想体系的根本立场和方法，是中国共产党人在长期的斗争实践中形成的无产阶级世界观和方法论，是毛泽东思想的活的灵魂。

三、毛泽东思想的历史地位

> 毛泽东思想这个旗帜丢不得。丢掉了这个旗帜，实际上就否定了我们党的光辉历史。
>
> ——邓小平

毛泽东的历史地位

毛泽东和毛泽东思想对中国的历史产生了重大影响，今后还将会产生深远影响。所以，科学地评价毛泽东的功过是非和充分肯定毛泽东思想的历史地位，具有十分重要的意义。科学地评价毛泽东和毛泽东思想，根本目的是为了更好地高举毛泽东思想伟大旗帜，坚持和发展毛泽东思想，开创社会主义现代化建设的新局面。

毛泽东对 20 世纪的中国影响极为巨大，涉及各个领域。毛泽东同其他老一辈无产阶级革命家一样，是中国特殊的历史环境、历史时代造就的，是中国人民哺育了他。他在自己几十年的人生征途和革命生涯中，为中华民族的独立和解放，为中国社会主义建设事业的发展做出了杰出的贡献。在毛泽东的一生中，他率领着中国共产党和全国各族人民胜利地进行了三项伟大事业。其一，推翻了帝国主义、封建主义和官僚资本主义在中国的统治，创建了中华人民共和国，使中国人民从此站立起来，开创了中华民族历史的新纪元。在他几十年的戎马生涯中，赢得了中国人民的信赖和爱戴，党和人民公认他是自己的领袖。其二，基本上完成了生产资料私有制的社会主义改造，成功地建立了社会主义制度。在中国土地上消灭了剥削阶级和剥削制度，中国人民从此成为国家的主人，实现了 20 世纪中国划时代的历史巨变，为中国以后的发展和进步奠定了基础。其三，开始探索中国社会主义建设道路，发展了社会主义的经济、政治、文化，为中国社会主义现代化建设打下了坚实的物质技术基础。新中国建立后，面对的是经济文化落后、人口众多、生产力发展水平极低的客观条件。在帝国主义极端仇视社会主义制度、对新中国进行经济封锁的国际环境下，如何建设、巩固和发展社会主义制度，是一个崭新的历史课题。毛泽东和他的战友们在深刻地总结国内和国际的历史经验的基础上，创造性地探索社会主义建设的道路，领导全国各族人民，成功地进行了大规模经济建设，建立了独立的和比较完整的工业体系、国民经济体系，为祖国实现四个现代化奠定了物质基础。

毛泽东在领导中国革命和建设的实践中的杰出贡献主要是：第一，毛泽东是党和国家的缔造者。毛泽东在多次危机中挽救了中国革命，这是我们党的其他领导人都不可比拟的。第二，毛泽东是马克思主义中国化的伟大旗手和奠基人。他最早提出并坚持把马克思列宁主义普遍原理同中国革命和建设的具体实践相结合的伟大思想原则，并在同各种错误倾向作斗争的过程中，把中国人民革命斗争中形成的经验作了理论上的概括，形成了科学的指导思想——毛泽东思想，成为中华民族的宝贵精神财富。第三，毛泽东和毛泽东思想培育了党的几代人。正如邓小平所讲，我们都是毛泽东同志教育过来的人，我们现在拨乱反正，纠正老人家的错误，也是受了老人家长期教育后，遵循他的思想纠正他的晚年错误的。中国人民对毛泽东、毛泽东思想衷心地信任和拥护，从中汲取了智慧和力量。

毛泽东是人，不是神，他同任何人一样也有缺点和错误，甚至是严重的错误。毛泽东晚年的错误主要是：第一，错误地提出了“无产阶级专政下继续革命的理论”，并付诸实践。1966 年 5 月至 1976 年 10 月的“文化大革命”就是在这个错误理论指导下的错误实践，使党、国家和人民遭受到了新中国成立以来最严重的挫折和损失。“文化大革命”是一场“严重的灾难和内乱”，对这一全局性的、长时间的“左”倾错误，毛泽东同志负有主要责任。第二，忽视了经济发展的客观规律，在经济建设的指导思想上犯了严重的“左”倾错误。1958 年至 1960 年的“大跃进”运动和人民公社化运动，就是这一错误的产物。这一错误造成了我国三年经济困难，工农业减产，市场上商品奇缺，人民吃不饱饭，积极性受到挫伤。第三，个人主观专断，使党的民主集中制原则和集体领导制度受到损害。在胜利面前，毛泽东逐渐滋长了骄傲自满情绪，开始脱离群众，脱离实际，脱离党的集体领导，主观主义和个人专断作风日益严重，破坏了党内正常的民主生活，个人崇拜现象逐步发展。

毛泽东晚年的错误是严重的，无疑给我国社会主义事业带来了重大的损害。但毛泽东所犯的错误是一个伟大领袖、无产阶级革命家所犯的错误。我们对毛泽东所犯的错误应遵循实事求是的原则，给予公正的评价。纵观毛泽东的一生，既有功，又有过，但是，他的功绩远远大于他的过失。一是功过分量不同，不可等量齐观，更不能本末倒置。毛泽东领导中国革命取得胜利，缔造了党、军队和国家，创立了毛泽东思想，开启了中华民族振兴的新纪元，这与“文化大革命”的错误比，是功远远大于过。二是功过影响的时间、空间不同。从第一次大革命失败后毛泽东开辟中国特色革命道路算起，到“文化大革命”前的 40 年，尽管他也有错误，但功绩是主要的。只是“文化大革命”的 10 年，他的错误才是主要的。站在历史高度看，毛泽东的功绩对中国的影响是长远的，而他的错误给党和国家带来的损失是一时的。毛泽东作为党和国家的主要领导人，对理论上、实践中的错误应负主要责任，但作为党的集体领导的其他成员，也应负有一定的责任，不能全部推到毛泽东一个人身上，这样才是公正的、合乎实际的。

毛泽东同志是伟大的马克思主义者，伟大的无产阶级革命家、战略家和理论家，是近代以来中国伟大的爱国者和民族英雄，是领导中国人民彻底改变自己命运和国家面貌的一代伟人。他为中国共产党和中国人民解放军的创立和发展，为中国各族人民解放事业的胜利，为中华人民共和国的缔造和社会主义事业的发展，建立了不可磨灭的功勋，为世界被压迫民族的解放和人类进步事业作出了重大贡献。正如邓小平所指出的：“没有毛主席，至少我们中国人民还要在黑暗中摸索更长的时间”。正是这些构成了永恒的“毛泽东魅力”。

毛泽东思想的历史地位

毛泽东思想是我们党和国家的指导思想，是中华民族的精神支柱和值得骄傲的思想文化财富。对毛泽东思想的历史地位我们应该从以下几个方面去理解。

第一，毛泽东思想是马克思主义中国化第一次历史性飞跃的理论成果，是中国化的马克思主义。在中国共产党的历史上，毛泽东在认真总结历史经验的基础上，第一次明确提出了马克思主义同中国实际相结合，即实现马克思主义中国化的任务，深刻论证了马克思主义中国化的必要性和极端重要性，系统阐述了马克思主义中国化的科学内涵和实现马克思主义中国化的正确途径，开辟了马克思主义在中国发展的道路，为党沿着正确的方向发展奠定了坚实的基础。毛泽东思想是马克思主义同中国具体实际相结合的光辉典范。中国革命建设和改革的历史，就是把马克思主义同中国具体实际相结合的历史，就是马克思主义中国化的历史。将马克思主义同中国实际相结合，这是毛泽东思想的基本理论原则和方法，我们应该永远遵循。

第二，毛泽东思想是中国共产党的指导思想和最有力的思想武器。中国共产党从诞生之日起，就把马克思主义确立为自己的指导思想。党的七大又把毛泽东思想写在自己的旗帜上。这是中国革命实践经验做出的历史性结论。在毛泽东思想指引下，中国取得了新民主主义革命的胜利。新中国成立后，又在毛泽东思想指引下，顺利地实现了由新民主主义社会向社会主义社会的过渡，成功地建立起社会主义制度，同时，取得了社会主义建设的伟大成就。历史证明，马克思主义、毛泽东思想、中国特色社会主义理论体系是一脉相承的统一的科学体系。中国特色社会主义理论体系就是包括邓小平理论、“三个代表”重要思想以及科学发展观等重大战略思想在内的科学理论体系。这个理论体系坚持和发展了马克思主义、毛泽东思想，是马克思主义中国化的最新成果。今天我们坚持中国特色社会主义理论体系，就是坚持马克思主义、毛泽东思想；我们高举中国特色社会主义理论体系的旗帜，就是高举马克思主义、毛泽东思想的旗帜。

第三，毛泽东思想是中华民族团结振兴的精神支柱。毛泽东思想把马克思主义的原则、方法和价值观同中国民族文化相融合，汲取和继承了中华民族数千年的优秀思想文化成果和民族精神，使毛泽东思想成为中国人民喜闻乐见的理论和文化形态。作为革命理论，它指导中国人民进行了深刻的社会变革，实现了民族的独立和解放，实现了近百年来中国人民民族复兴之梦。作为崭新的文化形态，它将民族文化从封建文化改变为科学的、大众的新民主主义文化，使民族文化走向了现代。毛泽东思想是中华民族智慧的升华，是中国民族精神的结晶，既体现了新的时代精神，又凝聚着中华民族的共同追求和理想。毛泽东思想是中华民族团结振兴的精神支柱，无论过去、现在和将来都是我们民族的力量源泉。

四、努力学习和掌握毛泽东思想

> 应确立以研究中国革命实际问题为中心，以马克思列宁主义基本原则为指导的方针，废除静止地孤立地研究马克思列宁主义的方法。
>
> ——毛泽东

毛泽东思想是我们党和国家的指导思想，是民族的宝贵财富。今天，在我们正在开创的中国特色社会主义的伟大事业中，毛泽东思想具有十分重要的现实意义，我们必须认真学习和掌握毛泽东思想。学习毛泽东思想应注意以下几个方面的问题。

第一，以科学的态度对待毛泽东思想。以科学的态度对待毛泽东思想，其一是要把毛泽东思想同毛泽东晚年的错误区别开来。毛泽东思想是一个科学的概念，有特定的内容和含义。构成毛泽东思想有两个方面的要素，一方面是“马克思主义”，另一方面是“中国具体实践”，要把二者结合起来，才能称之为毛泽东思想，否则都不能构成毛泽东思想。毛泽东思想是正确的理论原则和经验总结，不包含毛泽东晚年的错误。其二是要反对两种错误倾向：一要反对因毛泽东晚年错误而全盘否定毛泽东思想的科学价值和指导作用，甚至主张不再提毛泽东思想；二要反对教条主义的态度，例如，坚持“两个凡是”（即“凡是毛主席做出的决策，我们都要坚决地拥护，凡是毛主席的指示，我们都要始终不渝地遵循”），认为凡毛泽东说过的都是不可移易的真理，不愿实事求是地承认毛泽东晚年的错误，并在实践中坚持这种错误。这两种倾向都是完全错误的。从世界观和方法论上说，它们都是唯心主义的，形而上学的。其三是要在新的历史条件下，在新的实践中，坚持和发展毛泽东思想。邓小平同志是科学对待毛泽东思想的典范，他提出：一是恢复、继承和坚持毛泽东思想；二是纠正毛泽东的错误，把他没做好的事情做好；三是学习、运用和发展毛泽东思想。三者中，纠正是前提，继承是基础，发展是关键。没有纠正不可能恢复，也不可能发展；没有发展，就不可能坚持和继承；只有更好地纠正，才能更好地坚持。

第二，要完整、准确地理解毛泽东思想科学体系。学习毛泽东思想，应该把毛泽东思想放在整个马克思列宁主义理论体系中，放在马克思主义发展的历史长河中，了解、把握它们之间的内在联系；同时更重要的是，要着眼于毛泽东思想的科学体系，从整体上、全局上、本质上去理解毛泽东思想，要掌握毛泽东思想的灵魂，运用它的立场、观点和方法去研究实践中出现的新情况，解决新问题。

第三，要从理论和实践的结合上理解和掌握毛泽东思想。毛泽东思想是马克思主义同中国具体实践相结合的产物，是对马克思主义创造性地运用和发展。理论与实践相结合，既是毛泽东思想的根本特征，又是毛泽东思想的基本理论原则，根据这一特征和原则，一方面要求我们从理论同实践的结合上去理解毛泽东思想，另一方面不能将毛泽东思想当做教条来学习，要善于运用毛泽东思想的基本立场、观点和方法，去分析、解决新的历史时期中的问题，即以理论联系实际的方法学习毛泽东思想。

第四，学习毛泽东思想是学习中国特色社会主义理论体系的基础。在长期的革命和建设实践中，毛泽东思想奠定了马克思主义中国化的理论基础，许多理论和原则，在毛泽东思想中已经作了充分论证，成为中国特色社会主义理论体系的理论前提。毛泽东思想和中国特色社会主义理论体系有着不可分割的内在联系。今天我们学习和掌握毛泽东思想，会使我们更全面、更系统地理解中国特色社会主义理论体系，更好地贯彻和运用中国特色社会主义理论体系。

总之，毛泽东思想经过了中国大半个世纪革命和建设的检验，是中国革命和建设的正确的指导思想，是我们中华民族的宝贵精神财富。我们已进入新的世纪，正在开创祖国现代化的伟大事业，我们应站在历史的高度，站在马克思主义发展的高度，深入学习、理解、掌握和运用毛泽东思想，让毛泽东思想的精神发扬光大，对祖国的振兴起积极的指导作用。

复习要点

1. 毛泽东思想属于马克思主义思想的科学体系，但它又具有鲜明的民族特点，是一个具有特定含义的科学概念。毛泽东思想科学概念的提出，经历了一个过程。1943 年 7 月 5 日，王稼祥在《中国共产党与中国民族解放的道路》一文中第一次提出了“毛泽东思想是中国的马克思列宁主义”，是“马克思列宁主义与中国革命运动实际相结合的结果”。1945 年党的七大把毛泽东思想写入党章，确立了毛泽东思想在全党的指导地位。1981 年 6 月中国共产党十一届六中全会通过的《关于建国以来党的若干历史问题的决议》对毛泽东思想作了经典性论述：“毛泽东思想是马克思列宁主义在中国的运用和发展，是被实践证明了的关于中国革命的正确的理论原则和经验总结，是中国共产党集体智慧的结晶。”党的十二大报告中将第二句改为：是被实践证明了的关于中国革命和建设的正确理论原则和经验总结。党的十五大确认了这一表述。

2. 毛泽东思想由一系列基本理论和活的灵魂构成其科学体系。毛泽东思想在以下几个方面对马克思主义给予了创造性的丰富和发展：第一，关于新民主主义革命理论；第二，关于社会主义革命和社会主义建设理论；第三，关于革命军队建设和军事战略的理论；第四，关于政策和策略的理论；第五，关于思想政治工作和文化工作的理论；第六，关于党的建设理论。实事求是、群众路线、独立自主三个方面是贯穿各个组成部分的活的灵魂。

3. 毛泽东是在中国革命斗争实践中锤炼成为无产阶级革命家和理论家，伟大的马克思主义者，中国共产党、中国人民解放军和中华人民共和国的缔造者。他是中国人民的伟大领袖，是马克思主义中国化的伟大旗手和奠基者。毛泽东和毛泽东思想培育了党的几代人。毛泽东晚年犯了严重错误，但他的功绩远远大于错误。

4. 毛泽东思想是马克思主义与中国实际相结合的第一次历史性飞跃的理论成果，是中国化的马克思主义；毛泽东思想是中国共产党的指导思想和最有力的思想武器；毛泽东思想是中华民族团结振兴的精神支柱。毛泽东思想具有重要的历史地位。

5. 努力学习和掌握毛泽东思想。第一，以科学的态度对待毛泽东思想；第二，要完整、准确地理解毛泽东思想的科学体系；第三，要从理论和实践的结合上理解和掌握毛泽东思想；第四，学习毛泽东思想是学习中国特色社会主义理论体系的基础。

思考题

1. 毛泽东思想的科学含义是什么？

2. 毛泽东思想在哪些方面创造性地发展和丰富了马克思主义？毛泽东思想活的灵魂是什么？

3. 怎样理解毛泽东思想的历史地位？

4. 如何正确对待毛泽东思想？

第一章

毛泽东思想的形成和发展

任何一种理论的出现都不是偶然的，都是历史和时代的产物。毛泽东思想作为中国化的马克思主义，同样是世界和中国社会矛盾运动的必然结果。它产生于世界无产阶级革命和殖民地民族解放运动的新时代，是中国近代社会环境和中国革命需要的产物，中国无产阶级的成长和壮大为它的产生奠定了阶级基础，马克思列宁主义是它的理论渊源，中国优秀传统思想文化是它的思想文化渊源，中国革命和建设是它的实践基础。在中国革命和建设实践中，毛泽东思想经历了形成、成熟和发展的过程。

第一节　毛泽东思想产生的社会历史条件

一、毛泽东思想产生的时代背景

> 中国这个民族，不但是能够战斗的民族，而且是一个有近代科学的革命理论的民族……这种理论只能由中国无产阶级的代表人创造出来，而其中最杰出最伟大的代表人，便是毛泽东同志。
>
> ——刘少奇

战争与革命是20世纪前半期世界和中国社会的时代主题。毛泽东思想是这一历史时代的产物。

19世纪末20世纪初期，世界主要资本主义国家经历了自由竞争和相对平稳的发展阶段，进入到帝国主义阶段。帝国主义是垄断资本主义。垄断资本主义使资本主义社会固有的社会矛盾更加激化，帝国主义国家陷入了无法摆脱的周期性经济危机的打击。为了缓和国内资产阶级和无产阶级之间的矛盾，各帝国主义国家都加紧了对其殖民地的压榨和掠夺，这使帝国主义国家与其殖民地的矛盾急剧尖锐化。经济、政治发展不平衡是资本主义的绝对规律。在帝国主义阶段，一些后起的帝国主义国家在很短时间内赶上并超过了一些老牌帝国主义国家，帝国主义国家之间的力量对比发生了重大变化。后起的帝国主义国家要求重新分割世界，引起了帝国主义各国之间的冲突，这些冲突发展导致了帝国主义国家之间的战争。

20世纪前半叶，世界经历了两次世界大战。第一次发生在1914年至1918年，同盟国的德、奥等国与协约国的英、法、俄、美等国之间展开了一场全球范围内的大厮杀。战火遍及欧、亚、非三大洲，卷入战争的有33个国家、15亿以上人口，伤亡总数达3 000万人，战争直接经济损失不下3 000亿美元。第二次发生在1937年至1945年，德、意、日法西斯轴心国为征服世界发动了侵略战争，苏、美、中、英、法等反法西斯国家结成同盟，打败了法西斯侵略者。这场战争是人类历史上规模最大、空前惨烈的战争。交战双方不仅使用了常规武器，而且使用了原子弹。这次战争波及世界上61个国家，约占世界五分之四人口，战火遍及亚、欧、非、大洋洲，军民伤亡总数达9 000多万人。战争夷平了许多繁华的城市，毁坏了无数工厂、房屋、交通设施，人类在艺术和科学上的成就也蒙受了巨大损失。

世界大战给世界人民带来了巨大的灾难，也削弱了资本主义世界体系，战争教育和锻炼了人民，引起了革命。第一次世界大战后期，无产阶级的社会主义革命在帝国主义统治最薄弱的俄国取得胜利，这成为开辟人类历史新纪元的伟大事件。它打破了资本主义世界的一统天下，不仅开辟了世界无产阶级革命新时代，而且开辟了世界被压迫民族民主革命的新时期。第二次世界大战的胜利，包括中国在内的许多社会主义国家的人民冲破帝国主义的体系，使社会主义从一国发展到多国，先后建立起横跨欧洲、亚洲和拉丁美洲的15个社会主义国家，占世界人口的三分之一，领土的四分之一，改变了世界两大阵营的力量对比，对世界历史进程产生了深远的影响。

任何伟大的理论都是社会时代的产物。马克思、恩格斯生活的时代，资本主义还处在自由竞争和相对上升的发展阶段，无产阶级革命还处于准备时期，怎样使无产阶级由“自在阶级”变为“自为阶级”，这是时代向革命者提出的一个重大课题。作为马克思主义创始人，马克思和恩格斯从资本主义社会基本矛盾运动的必然趋势出发，总结了西欧各国工人运动的实践经验，批判地吸取了人类思想发展的优秀成果，为无产阶级创立了一个崭新的科学理论——马克思主义。这是人类思想发展史上极为深刻的伟大革命。

列宁生活的时代，资本主义发展到帝国主义阶段，资本主义世界各种矛盾进一步加深，阶级斗争日趋尖锐，革命浪潮逐渐高涨。如何实践无产阶级革命，这是时代向革命者提出的一个新课题。列宁在理论上和实践上都回答了时代提出的问题，揭示了帝国主义经济、政治发展的不平衡规律，提出了社会主义革命可以在一个国家首先取得胜利的理论，并领导俄国无产阶级和劳动人民取得了十月革命的伟大胜利，开创了人类社会历史的新纪元，把马克思主义推向一个新阶段，形成了列宁主义。

毛泽东生活的时代，世界无产阶级革命和被压迫民族的解放运动风起云涌。十月革命的胜利改变了整个世界历史发展的方向，为世界无产阶级革命起到了示范作用，并促进了殖民地、半殖民地人民的解放事业。此时的殖民地、半殖民地人民的民族、民主革命已经不再属于旧的资产阶级世界革命的范畴，而是属于新的无产阶级世界革命的范畴。近代中国是一个人口众多，幅员辽阔，经济、政治发展极不平衡的半殖民地、半封建的大国，存在着各种错综复杂而又激烈尖锐的矛盾，成为世界东方的矛盾焦点。如何正确认识中国社会各种矛盾，如何判断中国社会性质和社会各阶级状况，如何认识中国革命规律，制定适合中国国情的革命路线和政策，这是时代向中国共产党人提出的重大课题。以毛泽东为代表的中国共产党人，在理论上和实践上都出色地完成了这一时代提出的艰巨而又崇高的历史任务。

二、毛泽东思想产生的社会条件

> 毛泽东思想，就是马克思主义在目前时代的殖民地、半殖民地、半封建国家民族民主革命中的继续发展，就是马克思主义民族化的优秀典型。
>
> ——刘少奇

毛泽东思想根植于半殖民地、半封建中国的大地上，是近代中国特殊社会环境的产物。

1840年鸦片战争以后，中国逐步沦为半殖民地、半封建社会，中国人民在帝国主义、封建主义、官僚资本主义三座大山的压迫下，处于水深火热之中。

民族独立，人民解放，国家富强，人民富裕，是百年来中国人民渴望实现的梦想。为

挽救民族危亡，改变祖国的境遇和命运，中国的农民阶级、资产阶级从各自立场出发，提出了各种救国方案，分别进行了可贵的探索和奋斗。

1851年，洪秀全率众在广西桂平县金田村举行起义，在中国大地上开展了一场气势磅礴的太平天国农民战争。太平天国革命不仅是反对封建统治的阶级斗争，而且还具有一定的反侵略的色彩。太平天国运动虽说没有逃出农民革命的局限性，使自己的革命政权蜕变为封建专制政权，终于被帝国主义和封建主义联合绞杀了，但是以洪秀全为代表的农民英雄高举太平天国的大旗，从金田村打到长江南北，驰骋18省，坚持14年，使亿万民众卷入了这场波澜壮阔的革命斗争，掀起了惊天巨涛，打得清政府惊恐万状，吓得外国侵略者惶惶不可终日，充分显示了中国农民的革命力量。尤其是太平天国建立了各级政权，颁布了施政纲领和一系列政策，表达了农民阶级对鸦片战争后中国出路的思考和探索。《天朝田亩制度》设计了“有田同耕，有饭同食，有衣同穿，有钱同使，无处不均匀，无人不饱暖”的理想社会，达到了农民反封建思想的最高峰。其后洪仁玕向洪秀全提出了治国立政的《资政新篇》。它虽未曾得以施行，但其中关于在政治、经济、文化等方面发展资本主义的思想，具有进步意义，对中国社会产生了相当大的影响。然而农民阶级毕竟不是先进生产力的代表，他们要在小农经济的基础上建立和维护绝对平均主义的经济秩序，是一种不切实际的“乌托邦”，违反了社会的发展规律，因此不可能实现。

1900年，面对帝国主义瓜分中国的狂潮，中国农民阶级的斗争发展为声势浩大的“义和团”反帝爱国运动。义和团运动起于山东，席卷京津，波及长城内外、黄河两岸，甚至遥远的西南、西北边陲也揭竿响应。义和团勇士们以无畏的革命精神顽强抗击八国联军的侵略，阻止和打乱了帝国主义瓜分中国的狂妄计划。义和团运动同样被帝国主义和封建主义联合镇压下去了。在斗争中，义和团运动也明显地表现出了农民阶级的分散性、盲目性和浓厚的迷信色彩。

太平天国运动和义和团运动的失败证明，单纯的农民阶级革命，虽然也能起到一定的革命作用，但无法从根本上扭转中国的命运。农民革命不可能提出科学的革命理论。没有科学理论的指导，没有先进阶级的领导，农民阶级的斗争不可能完成民族民主革命的任务。

随着民族危机的进一步加深，新兴的中国资产阶级来不及壮大自己的力量便仓促地登上了历史舞台。1898年，康有为等维新志士们掀起了一股带有资产阶级性质的改革浪潮，把资产阶级改良思潮转变为一场救亡与启蒙交响合奏的维新变法运动。他们提出了在中国发展资本主义的一系列主张，鼓动光绪皇帝颁发了一百多道新政诏书。维新志士奔走呼号，著书立说，用饱带感情之笔，书流利畅达之文，宣传西学，鼓吹变法，开启民智，唤醒民众救亡意识。维新运动的根本目标是通过合法的手段，逐步建立君主立宪政体，在保存封建君主制度前提下进行资本主义改良。实现这一目标需要一定的政治力量，而维新派不愿又不敢发动农民，只幻想依靠一个没有实权的皇帝变法。面对强大的封建顽固派的疯狂反扑，维新运动顷刻便烟消云散。维新派人士惨遭捕杀，或逃亡海外，或革职流放，新政措施几乎全部被废止。随之维新运动在清王朝“预备立宪”的骗局中失败。

戊戌先烈的鲜血，使以孙中山为代表的中国资产阶级先进分子被迫放弃了改良中国的幻想，走上了武装起义的道路。

1905年8月，孙中山等人在日本建立了第一个全国性资产阶级革命政党——中国同盟会。孙中山明确提出了“驱除鞑虏，恢复中华，建立民国，平均地权”的革命纲领，首次提出了推翻封建专制制度、建立民主共和政权的比较完整的资产阶级共和国方案。孙中山从西方资产阶级革命时代的思想宝库中吸取了达尔文的进化论、卢梭的天赋人权论和孟德斯鸠的资产阶级共和国思想，结合中国的历史特点，结合中国民族民主革命和社会改革的历史任务，提出了民族、民权、民生三大主义，即三民主义学说。以孙中山为首的革命派高举民主革命旗帜，同中国资产阶级改良派和立宪派进行了针锋相对的思想论战。1911年10月10日，同盟会在国内发动了旨在推翻封建清王朝的武装起义，他们浴血奋战，前仆后继，终于推翻了清王朝的封建统治，史称辛亥革命。

辛亥革命结束了中国延续两千多年的君主专制制度，建立了中华民国，颁布了具有资产阶级共和国宪法性质的《中华民国临时约法》，使中国人民反对封建主义的斗争向前发展了一大步，推动了中国社会的发展。但是革命的果实被封建军阀袁世凯篡夺，随后出现了北洋军阀在中国的黑暗统治。面对北洋军阀的反动统治，资产阶级革命派并未屈服，继续发动了“二次革命”，护国运动，护法运动，但都失败了。

历史证明，在帝国主义时代，在半殖民地、半封建的中国，软弱的民族资产阶级没有能力领导中国民主革命取得胜利，资产阶级共和国的方案和西方资本主义近代化的老路在中国行不通，资产阶级民主主义不是科学的革命理论。中国革命要想完成反帝反封建的任务，必须寻找新的领导阶级和新的指导思想。这个新的领导阶级就是无产阶级，这个新的指导思想就是马克思列宁主义。这就是历史得出的结论。

当资产阶级革命派领导的旧民主主义革命山穷水尽之时，中国的社会结构发生着深刻的变动。这种变动表现在新的社会生产力增长和中国工人阶级的成长壮大，它为毛泽东思想的产生提供了物质基础。

辛亥革命冲击了封建制度，在一定程度上提高了民族资产阶级的政治地位和社会地位，刺激了人们投资实业的热情。全国因反对日本帝国主义加紧侵略中国而掀起了大规模抵制日货、提倡国货运动，使这一热情进一步高涨。第一次世界大战爆发后，欧美列强忙于互相厮杀，无暇东顾，中国从西方国家输入的商品急剧减少，而出口却有所增长，这使中国民族工业得到了良好的发展机会，中国民族资本主义经济在短时间内得到了相当迅速的发展。1912—1919年，中国新建厂矿472个，投资近1亿元，加上原有企业的扩建，8年中新增资本1.3亿元以上，相当于过去50年的总和。

随着民族工业的发展，中国资产阶级的队伍扩大了。1918年，全国商会会员达16.2万人，华侨商会会员有2.1万人，其革命性、斗争性也较前增强。与民族工业发展的同时，新式学校增多了，各种新式学校的学生迅速增长，加上西方科技的进一步传入和出国留学生的增多，新型知识分子群体也更加壮大。

在新的社会力量增长中，最重要的是工人阶级队伍迅速壮大。中国工人阶级诞生于19

世纪中叶鸦片战争至甲午战争的近50年间，外国在中国各通商口岸建立了100多个工厂企业，这些企业里大约有中国工人3.4万人，这是近代中国第一批产业工人。19世纪60年代，在清政府所办的企业中产生了另一批中国产业工人，到1884年，达到约3万人。70年代，中国民族资本工厂企业兴起，又涌现出一批产业工人，数量也逐渐达到3万人。这样，到1894年，中国近代产业工人约10万人。第一次世界大战之前，中国工人阶级队伍发展到60万人。随着第一次世界大战期间中国民族资本主义经济迅速发展，中国产业工人的队伍迅速壮大，到五四运动前夕，达到200万人。

中国工人阶级与世界工人阶级一样，不占有生产资料，与最先进的经济形式相联系，是新的生产力的代表，具有大公无私、高度的组织性和纪律性等优点。除此之外，在半殖民地半封建国度中产生的中国工人阶级还具有自己特殊的优点：第一，中国工人阶级身受帝国主义、封建主义和官僚资本主义的三重压迫，劳动条件差，劳动时间长，工资待遇低，毫无政治权利，所受压迫的严重性和残酷性是世界各国少见的，因此，中国工人阶级在革命斗争中，比任何别的阶级都要坚决和彻底。第二，从地区分布上讲，中国工人阶级高度集中在上海、天津、武汉、青岛、广州、大连等城市；从行业上讲，主要集中于纺织、船舶、铁路、采矿、航运、面粉等行业。这种状况便于工人们相互联系，团结战斗，成为一支强大的力量。第三，中国工人阶级中的大多数人出身于破产农民，同广大农民有着天然联系，便于结成工农联盟。由于以上各点，尽管中国工人阶级存在着人数少（与农民阶级相比）、年纪轻（与资本主义国家的工人阶级相比）、文化水平低（与资产阶级相比）、受小生产思想影响比较重等弱点，但他们毕竟是中国社会中最先进、最革命的阶级。

中国工人阶级从它诞生之日起，就开始了波澜壮阔的反帝反封建反资本主义的斗争。据不完全统计，到辛亥革命前，已累计罢工100次。辛亥革命后，工人运动有了新的发展，罢工次数不断增加，规模日益扩大，斗争水平也明显提高。从1912年到1919年五四运动前，有记载的工人罢工达130多起，超过了辛亥革命前数十年的总和。这些罢工以经济斗争为主，也开始出现了具有政治性的罢工斗争。例如1916年法国在天津企图侵占连接法租界的老西开地区，天津人民奋起反抗，工人举行罢工和游行示威，斗争持续了五六个月，迫使法帝国主义放弃了侵占老西开的计划。至于反对签订“二十一条”、抵制日货的斗争，更是具有明显的政治性。五四运动是中国革命史上具有划时代意义的事件，它标志着中国新民主主义革命的开端。在伟大的五四运动中，中国工人阶级以自己特有的组织性、纪律性和坚定的革命精神成了运动后期的主力军。所有这些表明中国工人阶级已经作为一支独立的政治力量登上了历史舞台。

中国工人阶级的成长壮大及其斗争的发展，为中国共产党的成立奠定了阶级基础。十月革命后马克思主义在中国的传播为中国共产党的成立提供了思想基础。五四运动促进了马克思主义在中国的传播及其与中国工人运动的结合，为中国共产党的成立做了思想上和干部上的准备。中国建立无产阶级政党的条件成熟了。1921年7月，中国共产党一大召开，宣告了中国共产党的正式成立。中国共产党的诞生，是近代中国历史发展的必然结果，是中国历史上开天辟地的大事。从此，中国革命的面貌焕然一新。中国共产党一成立，便领导中国人民投入民族民主革命的伟大斗争。在这一伟大斗争实践中，中国共产党人将马克思主义普遍原理同中国革命具体实践相结合，独立地、创造性地走出了一条符合中国国情的革命道路。在这一过程中，以毛泽东为代表的中国共产党人概括地总结了革命的实践经验，创造性地发展了马克思主义，形成了伟大的毛泽东思想。

第二节　毛泽东思想的理论渊源和实践基础

毛泽东思想是中国化的马克思列宁主义。马克思列宁主义是毛泽东思想的理论渊源，中华民族优秀文化传统是毛泽东思想的文化渊源，中国革命和建设的实践是毛泽东思想的实践基础。

一、毛泽东思想的理论渊源

> 马克思列宁主义是从客观实际产生出来又在客观实际中获得了证明的最正确最科学最革命的真理。
>
> 我们的理论，是马克思列宁主义的普遍真理同中国革命的具体实践相结合。
>
> ——毛泽东

毛泽东思想的产生，是以十月革命以后马克思主义传入中国，并在中国大地上广泛传播为前提的。

“十月革命一声炮响，为中国送来了马克思主义”。而中国人选择马克思主义来指导中国革命，是五四运动前后开始的。

辛亥革命后，一些激进的资产阶级和小资产阶级民主派知识分子对辛亥革命失败的原因进行了反思。他们认为，资产阶级共和国方案之所以失败，是因为只进行政治革命，而未进行思想文化方面的革命，因此只有通过提倡新思想、新道德、新文化，才能补上这一课，造就新国民，建立真共和。

1915 年，以陈独秀创办《青年杂志》（不久改刊为《新青年》）为标志，在中国大地上发动了一场猛烈反对封建思想文化的新文化运动。新文化运动高举民主和科学两面大旗，即“德先生”和“赛先生”，提倡新思想、新道德，提倡白话文与文学革命。他们的“民主”是指西方资产阶级的民主思想和民主制度，包括人权平等、个性解放、独立人格等；他们的“科学”是指西方资本主义上升时期所创立的自然科学，包括进化论、唯物论、无神论等。陈独秀在《敬告青年》一文中把民主与科学比作推动中国社会前进的两个车轮，号召青年们以“科学与人权”为武器去战胜恶社会。为了实现民主与科学的理想，新文化运动攻击的重点是中国封建正统思想——儒家学说，他们提出了“打倒孔家店”的口号，集中批判了封建的纲常礼教。

五四运动以前的新文化运动以西方资产阶级的民主主义为武器，使运动带有十分明显的缺陷：一方面运动仅仅局限于思想文化领域和少数知识分子的圈子里，未能揭示从根本上改造中国现存的基本社会制度的必要性，没有对广大劳动群众的命运表示关注；另一方面，在思想方法上，存在着主观主义和片面性，对中国民族文化遗产不加分析地一概否定，对西方资产阶级文化盲目崇拜。尽管如此，这个运动在中国革命史上仍然具有伟大的历史进步作用。它又一次猛烈地冲击了长期禁锢人们思想的封建主义文化，破除了封建教条对人们的思想束缚，提高了人们的民主主义觉悟，在中国大地上掀起了一股思想解放的潮流，为新思想的传播扫除了障碍。

新文化运动兴起时，陈独秀、李大钊、毛泽东等一批先进知识分子对资本主义文明的缺陷已经有所认识，残酷的第一次世界大战和鸦片战争以后中国人向西方学习而屡遭失败的事实，使他们对于资本主义建国方案的可行性抱有疑问。因此，在新文化运动蓬勃发展的同时，一些关心祖国前途，具有民族忧患意识的人士开始思考中国是否还有更好的出路。

正当中国的先进知识分子在苦苦思索国家出路的时候，俄国爆发了震撼世界的十月革命。1917 年 11 月 7 日，俄国工农群众和士兵在以列宁为首的布尔什维克党的领导下，举行武装起义，推翻了地主资产阶级统治，建立了世界上第一个社会主义国家。这一伟大事件对中国革命产生了划时代的影响。

十月革命以前，中国人一直是向西方寻找真理，效法旧式资产阶级革命，结果一败再败。十月革命帮助中国先进分子用无产阶级的宇宙观观察和思考中国的命运。俄国幅员广大，人口众多，经济文化相对落后，其国情与中国有一些相似之处。既然资本主义道路走不通，为何不走俄国人的道路呢？十月革命后建立的苏俄政府发出了反对帝国主义的口号，宣布废除过去沙俄对华的不平等条约，使中国人民对苏俄产生了好感，极大地促进了中国先进分子对十月革命道路的认同。中国先进分子也从苏俄十月革命的胜利中学到了新的革命方法，他们看到了工农劳动群众的伟大力量，逐步认识到要改变中国现状，就必须发动广大民众进行革命斗争。走俄国人的道路——这是历史的结论。

1919 年，中国爆发了波澜壮阔的五四爱国运动。中国在巴黎和会上的外交失败是五四运动爆发的导火线。这年 5 月 4 日，北京 13 所学校 3 000 多名学生上街游行，抗议帝国主义列强瓜分中国，要求政府拒绝在“和约”上签字。在北京政府出动军警镇压学生、运动转入低潮之际，6 月 5 日，上海工人举行大罢工，支援学生斗争。随后，工人罢工、商人罢市、学生罢课的斗争如燎原之火蔓延全国，遍及 20 多个省区、150 多个大中城市。在全国人民特别是工人阶级罢工斗争的强大压力下，北京政府终于释放了被捕学生，撤销了卖国贼曹汝霖、陆宗舆、章宗祥的职务，出席巴黎和会的中国代表也没有在“和约”上签字，五四运动取得了伟大的胜利。

五四运动后，马克思主义在中国得到了迅速广泛的传播，并成为新文化运动的主流。马克思及马克思主义在 1899 年就已经出现在中国境内的出版物上。此后，对马克思主义的片断介绍在中国也相继出现。但在十月革命以前，中国社会接受马克思主义的条件还不成熟，马克思主义学说还没有在中国产生重大影响。十月革命把社会主义从书本上的学说变成了现实，这就推动了中国的先进分子去认真了解马克思主义学说。中国出现了一批赞成十月革命、具有初步共产主义思想的知识分子。

中国最早歌颂十月革命和宣传马克思主义的是李大钊。1918 年下半年，他发表了《法俄革命之比较观》《庶民的胜利》《Bolshevism 的胜利》等文章，讴歌十月革命。1919 年，他发表了《我的马克思主义观》一文，较为系统地介绍了马克思主义的唯物史观、政治经济学和科学社会主义的基本原理。1920 年年中起，李大钊开始在一些高等学校授课，用马克思主义教育青年学生。陈独秀在五四运动后逐渐转向社会主义，并以他在思想界的影响带动更多的人接受马克思主义。五四运动中，一批较为年轻的左翼骨干如毛泽东、邓中夏、蔡和森、恽代英、瞿秋白、周恩来等人也开始了思想方向的转变，先后成为马克思主义者。他们自觉地到工人群众中宣传马克思主义，从而促进了马克思主义在中国的传播。

随着马克思主义思想影响的日益扩大，一些资产阶级和小资产阶级思想派别也打起社会主义旗号来宣传自己的政治主张。梁启超、张东荪等人宣传基尔特社会主义，无政府主义的宣传也甚嚣尘上。为了划清科学社会主义同其他社会主义流派的界限，争取那些有爱国、进步要求而一时接受了其他思想派别影响的人站过来，马克思主义者同这些思想派别进行了斗争。这一斗争扩大了马克思主义在中国的影响，提高了共产主义者的思想觉悟和理论水平，为共产党的诞生和马克思主义在中国的运用奠定了基础。

毛泽东——作为毛泽东思想的奠基者和主要创造者，他一生坚持不懈、孜孜不倦地研读马克思、恩格斯和列宁的著作。早在 1918 年 8 月，毛泽东第一次到北京，就在李大钊的影响下，开始接触马克思主义学说。1919 年底，他第二次到北京，又读到一些有关马克思列宁主义和俄国革命的书籍。1920 年，他读了中文本的《共产党宣言》，并读了考茨基等人撰写的介绍马克思主义的著作。1926 年，他已经阅读过列宁《国家与革命》的部分章节。1932 年 4 月，红军打下福建漳州，弄到一些马列著作，其中有恩格斯的《反杜林论》和列宁的《社会民主党在民主革命中的两种策略》《共产主义运动中的"左派"幼稚病》等，他对这几本书爱不释手，一直带在身边。在长征途中，他丢弃了好多衣物，但《反杜林论》等马列著作始终带在身边，甚至患病的时候躺在担架上还读马列的书。到达陕北后，为了系统总结中国革命的经验，指导中国革命继续前进，也为了从理论上清算王明"左"倾路线错误，毛泽东充分利用相对安定的环境，广泛搜集马列主义的书籍，刻苦钻研马列著作。

当时毛泽东阅读、圈划并作了批注的马列著作，现在保留下来的有《资本论》《社会主义从空想到科学的发展》《国家与革命》《论列宁主义基础》《论列宁主义的几个问题》《马克思、恩格斯、列宁、斯大林论艺术》等。斯诺在《西行漫记》中写道："毛泽东是个认真研究哲学的人。我有一阵子每天晚上都去见他，向他采访共产党的党史，有一次一个客人带了几本哲学新书来给他，于是毛泽东要求我改期再谈。他花了三四夜工夫专心读这几本书，这期间，他似乎什么都不管了”。1936年11月至1937年4月，毛泽东仔细研读了苏联西洛可夫等人编著的《辩证法论教程》，并写了1.2万字的批注。李达著的《社会学大纲》，他看了十遍。艾思奇著的《哲学与生活》，他作了长达19页的摘录。

毛泽东不仅自己发奋攻读马列著作，还鼓励有学习能力的干部认真学习。住在杨家岭的那段时间里，他每星期三晚上召开干部和理论工作者哲学座谈会，推动干部学习，研究和宣传马克思主义哲学。当干部学哲学的热潮初步形成以后，毛泽东还提出成立新哲学会，倡议召开新哲学年会，进一步推动了马克思主义哲学的学习活动。

解放战争时期，经毛泽东批阅的马列著作，现在已知有两本，一本是《国家与革命》，另一本是《共产主义运动中的“左派”幼稚病》，这是为了革命的需要重新阅读的。在《国家与革命》的封面上写着“毛泽东一九四六”，扉页上注明“1946年4月22日延安起读”。1948年4月，为了克服革命队伍内部存在的无纪律状态和无政府状态，保证革命战争的彻底胜利，他重读了《共产主义运动中的“左派”幼稚病》的第二章，并在封面上写了一段批语：“请同志们看此书的第二章，使同志们懂得，必须消灭现在我们工作中的某些无纪律状态”，并指示中宣部要求全党学习。

毛泽东对毛泽东思想的形成与发展所做的贡献，是与毛泽东精通了马克思主义原理分不开的。同样，对毛泽东思想做出重要贡献的周恩来、刘少奇等人，也是十分精通马克思主义的。

毛泽东思想的形成和发展是以马克思列宁主义的普遍原理和基本原则为根据，是中国共产党人对马克思列宁主义的继承、补充、丰富和发展。

毛泽东思想处处体现了马克思主义的立场、观点和方法，体现了辩证唯物主义和历史唯物主义。毛泽东思想的一些重要理论内容都是以马克思主义原理为依据的。例如，引导中国革命取得胜利的新民主主义理论依据了马克思主义关于无产阶级革命的理论、关于民族和殖民地的理论、关于暴力夺取政权的理论、关于党的建设的理论等。

马克思、恩格斯、列宁对近代中国社会的演化和中国社会的性质曾做过预言和分析。马克思、恩格斯当时尽管对中国的国情知之不多，但是他们对鸦片战争和近代中国发展趋势的认识无疑是正确的，他们为后来的中国共产党人树立了一个以唯物史观和世界的眼光审视历史与社会问题的典范。早在1912年列宁就指出，中国是一个“落后的、半封建的农业国家”。1916年，列宁又指出了中国社会性质的另一方面，即“半殖民地”性，并根据第一次世界大战的形势，指出帝国主义列强“瓜分中国才刚刚开始，日美等国争夺中国的斗争愈来愈烈”，中国“正变成殖民地”。列宁的上述论点，指导着年轻的中国共产党制定出反帝反封建的政治纲领，引导中国共产党人最终对中国的社会性质取得一致的认识。1939年12月，毛泽东与张闻天等合作写成的《中国革命和中国共产党》，1940年1月毛泽东撰写的《新民主主义论》，以马克思列宁主义的上述基本观点为依据，对中国社会性质作了全面系统的阐述。

斯大林根据列宁的思想和他自己对民族殖民地问题的研究，强调第一次世界大战和十月革命“根本地改变了”国际形势，从而把民族问题从资产阶级民主革命的一部分变成了无产阶级社会主义革命的一部分。毛泽东发挥了这一论点，在《新民主主义论》等著作中指出，新民主主义革命的基本特征之一，在于它是“无产阶级社会主义革命的一部分”，是“世界社会主义革命战线的同盟军”，揭示出中国革命由旧民主主义革命发展到新民主主义革命的必然性。

马克思主义创始人很早就初步探讨过资产阶级民主革命与无产阶级革命的关系。列宁阐明了资产阶级民主革命和社会主义革命的区别与联系，认为民主革命是无产阶级走向社会主义必不可少的第一步，无产阶级不但不应“避开”民主革命，“相反地，要尽最大努力参加革命”，尽力扩大这个革命的范围，在时机和条件成熟时，立即将民主革命转变为社会主义革命。在马克思、恩格斯、列宁思想指导下，以毛泽东为代表的中国共产党人对民主革命和社会主义革命的关系有了深刻和完整的理解。在《中国革命和中国共产党》《新民主主义论》中，毛泽东概括了民主主义革命和社会主义革命的关系，指出，“民主主义革命是社会主义革命的必要准备，社会主义革命是民主主义革命的必然趋势”。新民主主义革命总路线中关于革命领导权、革命动力、革命对象的理论体现了马克思主义的阶级观点和阶级分析方法；统一战线理论体现了马克思列宁主义的策略原则；民主革命三大法宝中的武装斗争，体现了马克思列宁主义暴力夺取政权的理论；中国特色的社会主义改造道路则是借鉴了列宁领导的布尔什维克党的经验。

以上说明，毛泽东思想建立在马克思列宁主义基础之上，是马克思列宁主义在中国的具体运用，马克思列宁主义是毛泽东思想的理论渊源。

二、毛泽东思想的思想文化渊源

> 中国的长期封建社会中，创造了灿烂的古代文化。清理古代文化的发展过程，剔除其封建性的糟粕，吸收其民主性的精华，是发展民族新文化提高民族自信心的必要条件；但是决不能无批判地兼收并蓄。
>
> ——毛泽东

中华民族具有悠久的历史，中华民族优秀思想文化传统源远流长。五四运动及五四运动前后的新文化运动，是一次解放思想的启蒙运动，不但标志着中国社会进入了新的历史变革时期，同时，也标志着中国民族文化进入了转型、重建的新历史时期。马克思列宁主义是外来文化，一个外来文化传入中国后之所以能迅速广泛传播，是因为它顺应了中国社会革命和文化革命的双重需要。它一方面使中国社会革命翻开了新的一页，另一方面，为中国民族文化变革提供了契机。中国共产党人将马克思列宁主义同中国具体实际相结合，在完成中国社会革命的同时，将马克思列宁主义同中国优秀文化传统相融合，实现了中国传统文化的变革。毛泽东思想作为一种革命理论，指导中国革命和建设，使中国社会发生了深刻的变革；毛泽东思想作为一种文化形态，具有鲜明的民族特色，具有文化的超越性，使中国民族文化走向现代化，走向世界。

毛泽东思想把马克思列宁主义同中国优秀文化传统相融合，对传统文化采取了批判与继承的态度。

毛泽东思想对传统文化的扬弃表现在：

第一，从文化结构上对传统文化的扬弃。中国传统文化重视群体和谐，重视人与人之间的伦理纲常，形成了温情的道德情感和意识，被世界称为“礼仪之邦”，这无疑对中国社会发展曾起到过积极作用。但这种结构上的偏置导致了中国文化轻视自然科学、轻视法治、轻视个性自由的倾向。毛泽东思想高举民主与科学的旗帜，倡导民主与法制，弘扬科学精神，反对封建专制制度，并根据无产阶级革命的需要，主张汲取中西方文化一切优秀成果，倡导古为今用，洋为中用，百花齐放，百家争鸣，建立反帝、反封建的人民大众文化。毛泽东思想主张文化建设要同民族的命运前途、人民的幸福密切相关，结束了封建文化脱离社会实践的伦理道德说教，结束了文化只为少数达官贵人服务的历史。

第二，从价值体系上对传统文化的扬弃。中国传统文化的价值体系是由构成中国传统思想文化诸子百家的价值学说形成的。诸子百家“好恶殊方，各执一端”，以儒家文化的“以义制利”和法家文化的“急功近利”为典型。毛泽东思想以马克思主义唯物辩证法为其哲学渊源，对传统文化的价值走向给予扬弃，即将义和利的价值选择统一到民族的前途、命运和人民的翻身解放之上，将国家、人民的利益作为价值取向的出发点，这既是最高的“义”，又是最大的“利”，主张“为人民利益而死”的“义”和“为人民谋幸福”的“利”，反对“为少数人利益而死”和牟取私利、损人利己。在实践中，共产党人在处理利益关系上始终遵循个人利益服从群体利益（包括集体利益、阶级利益、民族利益和国家利益）、局部利益服从全局利益、眼前利益服从长远利益的原则，要求为人民利益舍生取义，要为国家、为人民建功谋利。

第三，从思维方式上对传统文化的扬弃。传统文化重辩证直觉思维，轻逻辑思维。思维方式既是文化的重要内涵，又是文化特色的表现。中国古代思维方式是多元化的，魏晋之后，由于“名学”的衰落，逻辑思维让位于直觉思维。儒、释、道三家互补互黜，成为影响中国思维方式的主流，形成了中国传统文化重直觉思维、轻逻辑思维的特点。这种思维方式具有两重性，从积极方面说，直觉思维容易对世界、对事物的认识形成整体、系统的观念，便于对世界的整体把握。从消极方面说，直觉思维不容易建立科学概念，不容易建立对世界、事物有理有据的科学认识。这可能是近代中国科学不发达的重要原因之一。毛泽东思想十分重视直觉辩证思维，同时也十分重视科学的逻辑思维方式，主张将两种思维方式统一起来，去研究事物发展运动的客观规律。

毛泽东思想将马列主义同中国优秀传统文化融合起来，使毛泽东思想具有鲜明的民族特色。一方面，毛泽东思想体现了中华民族的民族精神和优良传统。例如，自强不息的爱国主义精神，自力更生、艰苦奋斗的优良传统，厚德载物、谦虚谨慎的民族遗风等。另一方面，毛泽东思想为中国传统的人文主义、民本主义找到了新的支点，注入了新的内容。毛泽东从历史唯物主义出发，将传统的民本主义转变为“为人民服务”这一无产阶级的思想，结束了历代统治者只为少数人服务的历史，开始了人民当家做主的新纪元。

毛泽东思想的民族特色还体现在，毛泽东同志从中国文化中吸取了营养，用中国人特有的语言方式去表述马克思主义的理论原则和革命理论。

“实事求是”一语，源出于《汉书》，班固称汉景帝之子、河间献王刘德：“修高为古，实事求是”。这里所说的“实事求是”是治学严谨，根据事实材料求其真相的意思。毛泽东发掘了这一词汇的新的思想内涵，对它作出了科学的解释。毛泽东说：“‘实事’就是客观存在着的一切事物，‘是’就是客观事物的内部联系，即规律性，‘求’就是我们去研究。我们要从国内外、省内外、县内外、区内外的实际情况出发，从其中引出其固有的而不是臆造的规律性，即找出周围事变的内部联系，作为我们行动的向导。”实事求是是党的思想路线，也是马克思主义的基本命题。

毛泽东在党的七大闭幕词中，运用了中国古代寓言故事《愚公移山》，比喻中国共产党人要推翻压在中国人民头上的三座大山，号召每个党员要发扬愚公移山精神挖山不止，并将人民比作“神仙下凡”，使深奥的道理变得浅显易懂，生动活泼，堪为政论文之范文。

毛泽东还大量运用中国传统文化中的成语、典故去表述深奥的马克思主义哲学思想，例如用老子的“祸兮福所倚，福兮祸所伏”说明事物的相互转化，引用“相反相成”说明矛盾的同一性，用“百花齐放、百家争鸣”表达我们的文化政策，用“凡事预则立，不预则废”说明不论做什么事，都要有准备，没有准备会失败等，可以说是俯拾皆是。

毛泽东在军事思想中，吸取了《孙子兵法》许多朴素的军事辩证法思想资料，例如“后发制人”“诱敌深入”“声东击西”“知己知彼，百战不殆”等，使毛泽东军事思想熠熠生辉，成为我军战胜敌人的伟大指导思想。

马克思列宁主义产生于欧洲，其形式和语言都带有欧洲特色。毛泽东将马克思列宁主义理论同中华民族优秀思想文化遗产结合起来，将深刻的马克思列宁主义理论中国化、大众化、通俗化，使其生动形象、亲切易懂，正因为如此，所以它能为广大干部群众所喜爱，为他们所理解、掌握和运用，成为中国人民认识世界和改造世界的锐利思想武器。

三、毛泽东思想的实践基础

> 毛泽东思想的生长、发展与成熟，已经有了二十四年的历史，在无数次的千百万人民的剧烈斗争中反复考验过来了，证明它是客观的真理，是唯一正确的救中国的理论与政策。
>
> ——刘少奇

革命的理论来源于革命的实践，没有革命的实践不可能产生革命的理论。毛泽东思想是中国革命和建设实践在理论上的表现形态，而中国新民主主义革命、社会主义革命和社会主义建设的实践，为毛泽东思想的产生和发展提供了实践基础。

中国社会矛盾的复杂性，中国反动势力的强大，决定了中国革命是一场长期、残酷、复杂、曲折的斗争，中国共产党在这一斗争实践中学会了独立地、系统地解决中国革命的各种实际问题，并将实践中积累的正反两方面的经验和教训上升为理论，从而形成了科学的指导思想——毛泽东思想。新中国成立以后进行的社会主义革命和社会主义建设，更是一项艰巨、伟大的任务，其所提供的经验和教训更为丰富，以马克思列宁主义为指导对这些经验教训进行总结，使毛泽东思想得到了进一步的发展。因此，中国革命和建设实践的需要，是毛泽东思想形成和发展的直接动力。

中国是农民和小资产阶级占人口大多数的国家，在这样的国家里如何建设一个具有广泛群众性的、马克思主义的无产阶级政党，既是一个十分重大的理论问题，也是一个实践问题。以毛泽东为代表的中国共产党人就是在中国革命斗争和党内两条战线思想斗争的实践中，总结出了一套完整的建党学说。

大革命失败后，中国共产党的大部分组织很快“溃散”。中国共产党从“八七”会议起大力进行党组织本身的建设和改造。起初十分强调党员和党的领导机关的工人成分。当时农村根据地里没有大量的产业工人可供发展入党，“党组织基础的最大部分是由农民和其他小资产阶级出身的成分所构成的”，强调党的队伍的工人成分要求远远脱离了农村斗争的实际。在此情况下，毛泽东从现实出发，探索农村革命根据地环境中建设无产阶级政党的问题，提出了加强无产阶级思想的领导，反对各种非无产阶级思想，即着重从思想上建党的理论。

在半殖民地、半封建的中国，革命的敌人异常强大凶恶，革命力量比较弱小，革命力量要战胜强大的敌人，必须团结一切可以团结的同盟军。中国的无产阶级同农民是天然的同盟者，可以建立可靠的革命联盟。同时，中国无产阶级还必须同资产阶级建立统一战线。中国资产阶级具有两面性，统一战线必然会出现不同时期的联合与分裂。在实践中，以毛泽东为代表的中国共产党人正是总结了同资产阶级几次联合和分裂的教训，才形成了中国共产党同资产阶级建立统一战线的理论和策略。

建党之初，中国共产党以主要精力开展城市工人运动，取得了重大成就。但“二七”惨案的发生，使中国共产党人得到了血的教训，认识到只依靠工人阶级的孤军奋战，不联合广大同盟者，就不能战胜强大的敌人。于是，中国共产党采取积极的步骤，去同孙中山领导的国民党建立统一战线。在震惊中外的五卅运动中，中国社会各阶级都充分地表现了自己。这些活生生的事实使中国共产党人加深了对中国革命基本问题的认识，不仅开始认识到了资产阶级的两面性，而且看到了无产阶级同资产阶级争夺领导权的重要性。在反对国民党右派的激烈斗争中，中国共产党人对无产阶级领导权、农民同盟军、同资产阶级的关系、革命的性质和前途等问题的认识，都有了进一步的发展。这些为以后的新民主主义革命理论的形成打下了重要基础。

马克思主义是无产阶级革命的普遍规律。在列宁的领导下，俄国革命根据俄国的实际成功地进行了实践。但将俄国十月革命的经验原封不动地搬到中国，显然不符合中国实际。探索中国式的革命道路和革命规律，是中国革命实践提出的又一重大问题，解决这一问题也经历了艰难曲折的过程。

北伐战争时期，共产党没有真正认识到武装斗争的极端重要性，忽视了对军队的争取，片面着重于发动和领导民众运动，结果使党在国民党右派叛变革命时遭到了重大损失。大革命的失败说明，中国民主革命要取得胜利，必须组成广泛的统一战线，而统一战线必须由无产阶级掌握领导权。在民主革命中无产阶级领导权的中心问题是农民问题，只有把农民发动起来，解决他们的土地问题，建立巩固的工农联盟，才能实现无产阶级的领导权。无产阶级及其政党必须掌握革命武装，以武装的革命反对武装的反革命。共产党必须加强自身建设，对中国革命实行正确的领导。中国共产党正是从这些经验教训出发，在大革命失败后立即发动武装起义，开始了土地革命战争，并在土地革命战争期间继续进行理论探索。

关于“农村包围城市”道路的理论，起初只是提出了“武装割据”的思想。“八七”会议前后，毛泽东提出，为了保存和发展革命力量应当“上山”，这就是“武装割据”思想的萌芽。南昌起义、广州起义失败后，中共中央总结了各地斗争的经验，发出一系列指示、决议和通告，提出“工农割据”等主张。最早率领起义部队走上建立农村革命根据地道路的是毛泽东，他在总结实际斗争经验的基础上，把全党对革命道路的探索向前推进了一大步。1928 年 10 月，毛泽东为湘赣边界各县党的第二次代表大会起草的决议案，深刻地论述了中国红色政权为什么能够存在的问题，并第一次提出“工农武装割据”的概念。此后，在别的文章中，毛泽东对“工农武装割据”思想进一步作了充实。到 1930 年上半年，毛泽东初步确立了以农村为主，以农村包围城市的观点。在克服了李立三组织中心城市武装起义和集中红军攻打大城市的错误之后，伴随革命的发展，全党工作要以农村斗争为中心的观点在党内才逐渐确立起来。在第五次反“围剿”失败的过程中，中共领导人认识到，中国革命将主要依靠革命战争来取得胜利，敌强我弱是一个客观事实，中国革命是长期的。红军长征到达陕北后，中共领导人不但对以上问题认识得更加明确了，而且认识到抗日战争的长期性及由此产生的建立抗日根据地的必要性和重要性。1938 年 10 月的中共六届六中全会上，明确地把“经过长期武装斗争，先占农村，后占城市”当做革命道路问题提出来。这次会议决定党的主要工作方面是在战区和敌后。至此，农村包围城市道路的理论更加完备。

毛泽东思想的重要原理，党在各个时期的路线、方针和政策，都经历了一个在实践中发展和逐渐完善的过程。关于土地革命的理论和政策的形成与发展就是典型的范例。

关于土地革命中的阶级路线，中共从土地革命一开始就坚持依靠贫农、雇农，联合中农的政策，但对富农的政策则经历了一个曲折的过程。1928 年中共六大以后的两三年间，有的地区全部没收富农的土地，有的地方只没收部分富农的土地。1931 年中共六届四中全会以后，各地陆续贯彻了地主不分田，富农分坏田的过左政策，造成严重不良后果。1935 年 12 月，中共根据中日民族矛盾上升为中国社会的主要矛盾的形势，纠正了对富农的错误政策，正确处理了民族斗争和阶级斗争的关系，把减租减息作为抗日战争中后期解决农民土地问题的基本政策。与此同时，中共领导人总结了土地革命战争期间的经验教训，形成了一条较为完整的符合中国农村实际情况的土地革命路线，即依靠贫雇农，联合中农，限制富农，保护中小工商业者，消灭地主阶级，变封建半封建的土地制度为农民土地制度。解放战争时期，中共中央总结了当时土地改革中的经验教训，进一步发展了土地改革的理论，毛泽东将土地改革的总路线和总政策概括为：依靠贫农，团结中农，有步骤、有分别地消灭封建剥削制度，发展农业生产。中共中央在制定土地改革的总路线和总政策的同时又制定了一整套更加完善的具体政策。中共中央和毛泽东提出的土地改革理论和政策，保证了土改运动的健康发展，从而加速了解放战争的进程，保证了中国民主革命的彻底的胜利。

毛泽东思想是在中国共产党的革命斗争实践基础上产生、形成和发展的，是中国共产党领导的人民革命斗争的经验总结。没有中国共产党领导的革命斗争就没有毛泽东思想。中国革命实践需要理论指导，同时也为毛泽东思想的形成和发展提供了条件。中国共产党人正是在斗争实践过程中提高了对中国革命特点和规律的认识，从而形成和发展了具有中国特色的科学理论——毛泽东思想。

第三节　毛泽东思想的形成和发展

毛泽东思想在中国革命和建设的艰难曲折过程中，经历了形成、成熟和发展几个阶段。

一、毛泽东思想的形成阶段

任何新生事物的成长都是要经过艰难曲折的。在社会主义事业中，要想不经过艰难曲折，不付出极大努力，总是一帆风顺，容易得到成功，这种想法，只是幻想。

——毛泽东

从 1921 年中国共产党成立到 1935 年遵义会议的召开，是毛泽东思想的萌芽和形成阶段。

中国共产党成立到大革命失败，是中国共产党的幼年时期，当时党对中国革命实际的了解还不够深刻，斗争经验还很不足，还不善于自觉地将马克思主义的普遍原理同中国的实际相结合，因而还没有形成完整的适合中国革命实际的科学理论，在实际斗争中更多的是探索和模仿。

这个时期，中国共产党用列宁关于民族和殖民地问题的理论，开始分析中国社会的实际情况，探索中国革命的基本问题。中国共产党第二次全国代表大会明确地提出了反帝、反封建的民主革命纲领。中国共产党第三次全国代表大会制定了建立国共合作统一战线的策略、方针。中国共产党第四次全国代表大会又进一步地提出了无产阶级领导权的问题和农民同盟军的问题。

毛泽东、周恩来、李大钊等老一辈无产阶级革命家，从各方面探索了中国民主革命的基本问题，尤其是毛泽东，运用马克思列宁主义的一些原理，在革命实践中考察了中国社会，并集中了当时党内外的正确意见，相继发表了《中国社会各阶级的分析》《国民党右派分离的原因及其对于革命前途的影响》《国民革命与农民运动》和《湖南农民运动考察报告》等十余篇重要文章。他在这些文章中运用马克思主义的阶级观点和阶级分析方法，分清了中国革命的敌人和朋友，阐明了无产阶级领导权的中心问题是农民问题，提出了农民是中国革命的主力军的重要思想，指出了中国革命的前途是非资本主义的前进方向。

这个时期，中国共产党人初步明确了中国民主革命的性质、任务、对象、动力和前途等一系列问题，提出了新民主主义革命的基本思想，奠定了新民主主义革命的战略和策略的理论基础。毛泽东在1925年冬和1927年春相继发表的《中国社会各阶级的分析》和《湖南农民运动考察报告》两篇重要文章，是毛泽东思想萌芽的重要标志。

土地革命战争前期和中期，即从南昌起义到遵义会议，是毛泽东思想的基本形成阶段。这个阶段中国共产党已经积累了领导中国革命正反两方面的实践经验，既有大革命失败的反面教训，也有大革命失败后转入农村，开展武装斗争，实行土地革命，建立农村革命根据地，走农村包围城市道路的正面经验。这些经验为毛泽东从实际出发，实事求是地解决中国革命问题，提出符合中国国情的科学理论准备了前提，也为毛泽东与这一时期中国共产党内盛行的把马克思列宁主义教条化，把共产国际决议和苏联经验神圣化的错误倾向作斗争提供了条件。

这一时期，毛泽东把马克思列宁主义普遍原理同中国革命具体实践相结合，深刻总结了这个时期的历史经验，先后撰写了《中国的红色政权为什么能够存在?》《井冈山的斗争》《关于纠正党内的错误思想》《星星之火，可以燎原》《关心群众生活，注意工作方法》《反对本本主义》等重要著作。

毛泽东在这些著作中，阐明了农村革命根据地的理论，提出了“工农武装割据”的思想，认为这一思想是世界各国从来没有的一种“奇事”，指出，先争取群众后建立政权的理论，是与中国革命的实情不适合的，“共产党的任务，基本地不是经过长期合法斗争以进入起义和战争，也不是先占领城市后取乡村，而是走相反的道路”。毛泽东把这个问题提升到革命道路的高度，指出这条道路，就是“朱德毛泽东式、方志敏式之有根据地的，有计划地建设政权的，深入土地革命的，扩大人民武装的”道路。尤其是毛泽东在《反对本本主义》中提出了从实际出发，实事求是，理论联系实际的基本思想，标志着党的思想路线的形成；在《关心群众生活，注意工作方法》《必须注意经济工作》等文章中，提出了反对官僚主义领导方式，提倡“群众化的方式”，指出“革命战争是群众的战争，只有动员群众才能进行战争，只有依靠群众才能进行战争”，标志着党的群众路线的形成；在《反对本本主义》中还提出了“中国革命斗争的胜利要靠中国同志了解中国情况”的思想，是关于独立自主思想的最初表述。这些标志着毛泽东思想的基本形成。

二、毛泽东思想的成熟阶段

> 一个正确的认识，往往需要经过由物质到精神，由精神到物质，即由实践到认识，由认识到实践这样多次的反复，才能够完成。这就是马克思主义的认识论，就是辩证唯物论的认识论。
>
> ——毛泽东

从1935年遵义会议的召开到1945年抗日战争胜利是毛泽东思想走向成熟的阶段。

遵义会议的召开，确立了以毛泽东为核心的正确领导后，中国共产党开始摆脱共产国际错误指导的影响，结束了王明“左”倾机会主义在党内的统治，开始独立自主地处理中国问题，党在政治上开始走向成熟。中共中央和中央红军胜利完成长征到达陕北后，1936年12月协助张学良、杨虎城二位将军和平解决了西安事变，结束了十年内战。这时期党中央在陕甘宁革命根据地获得了一个相对稳定的和平环境和较好的工作条件，因而毛泽东能够深入系统地研究马克思主义理论，调查研究中国的实际情况，总结革命斗争经验。此时毛泽东号召全党必须自上而下努力学习马克思列宁主义理论，并要求全党善于把马克思列宁主义理论和国际经验用于中国具体实际，反对教条主义。同时在延安，马克思列宁主义著作得到了大量翻译出版，党中央领导人认真开展了马克思列宁主义的学习，研究中国问题，在军事、统一战线、白区工作和党的建设等方面，取得了理论成就，丰富了党的理论成果。毛泽东思想在开创中国革命新局面中走向成熟。

毛泽东作为领袖，面对错综复杂的国际形势和国内环境，正确地回答了民族解放战争和阶级斗争中出现的一系列新问题，进一步认识了中国革命的规律，撰写了《中国革命战争的战略问题》《实践论》《矛盾论》《论持久战》《〈共产党人〉发刊词》《新民主主义论》，起草了一系列中央关于政策、策略的文件。

毛泽东在《中国革命和中国共产党》《新民主主义论》等文章中，明确提出了“新民主主义”的科学概念，并从理论和实践的结合上，全面论述了新民主主义革命的任务、对象、性质、动力和前途。毛泽东把中国民主革命区分为旧民主主义革命和新民主主义革命两个不同历史阶段，并对中国新式的资产阶级民主革命与世界无产阶级革命的关系，中国革命必须分为“两个步骤”的历史特点以及新民主主义革命在政治、经济、文化等方面的基本纲领都作出了精辟的论述，形成了完整的新民主主义革命理论体系。正如毛泽东所说：在抗日时期，我们才制定了合乎情况的总路线和一整套具体政策。这时候，中国民主革命这个必然王国才被我们认识，我们才有了自由。抗日战争时期，毛泽东在将马克思列宁主义同中国革命实践相结合上，发展到一个新阶段，毛泽东思想在政治、经济、军事、文化、党的建设等方面形成了一个完整的理论体系。这些理论已经经过了实践的检验，并证明是符合中国国情、行之有效的革命真理，它标志着毛泽东思想的成熟。1945年党的七大召开，正式规定毛泽东思想作为全党的指导思想，是毛泽东思想发展历史上的一座丰碑。

三、毛泽东思想继续发展阶段

> 我们能够学会我们原来不懂的东西。我们不但善于破坏一个旧世界，我们还将善于建设一个新世界。
>
> ——毛泽东

解放战争时期到新中国成立后的50年代，是毛泽东思想继续发展阶段。

抗日战争胜利后，日本帝国主义同中华民族的矛盾已经基本解决，国内一直存在的阶级矛盾迅速上升。美帝国主义支持下的以蒋介石集团为代表的大地主、大资产阶级同无产阶级领导下的人民大众的矛盾成为中国社会的主要矛盾。中国共产党人从和平、民主、团结的愿望出发，同国民党进行了重庆谈判，并达成了停战协定。而国民党反动派在美帝国主义支持下完成了对解放区全面进攻的准备之后，悍然撕毁协定，于1946年6月底7月初发动了全面内战。在以毛泽东为首的党中央领导下，中国人民解放军在全国人民的奋力支援下，以摧枯拉朽之势，消灭了蒋介石的几百万军队，迅速推翻了蒋介石的统治。

新中国成立以后，我党领导全国人民迅速恢复了国民经济，并制定了第一个发展国民经济的五年计划，展开了大规模的经济建设。与此同时，顺利实现了由新民主主义社会向社会主义社会的转变，到1956年，一方面基本完成了生产资料私有制的社会主义改造，另一方面，经济建设提前完成了“一五”计划，我国工农业生产得到了巨大的发展。这一阶段，毛泽东思想在中国革命和建设的高潮中得到多方面应用和展开。

这一时期，毛泽东根据革命形势的发展和革命建设实践的需要，发表了相当多的文章和讲话。其代表性的有：《集中优势兵力，各个歼灭敌人》《目前形势和我们的任务》《将革命进行到底》《在中国共产党第七届中央委员会第二次全体会议上的报告》《论人民民主专政》《论十大关系》等。

毛泽东的这些著作和讲话的主要内容有：人民军队作战的军事原则、解放战争的战略战术思想、政策和策略的思想、不断革命论和革命发展阶段论相结合的思想、国家政权理论、过渡时期总路线、执政党的建设、中国特色的社会主义改造理论及中国特色的社会主义建设道路的探索。尤其是以人民民主专政理论、社会主义改造理论及关于社会主义建设道路探索的《论十大关系》等为标志，是对马克思列宁主义的又一次创造性发展，使毛泽东思想更加丰富和完善。

四、毛泽东思想曲折发展阶段

> 错误和挫折教训了我们，使我们比较地聪明起来了，我们的事情就办得好一些。任何政党，任何个人，错误总是难免的，我们要求犯得少一点。犯了错误则要求改正，改正得越迅速，越彻底，越好。
>
> ——毛泽东

1956年，生产资料私有制的社会主义改造基本完成以后，中国进入了全面建设社会主义历史时期，党的任务是运用马克思列宁主义普遍原理，探索适合我国国情的社会主义建设道路。在这一过程中，毛泽东思想在胜利形势下曲折发展，并在“文化大革命”的极“左”思潮中经受了严峻考验。

所谓曲折，是指在1957年到1976年这20年间，我们党在经济建设上犯了“左”倾冒进、大刮浮夸风和“共产风”的错误，以及“文化大革命”十年中犯了阶级斗争扩大的

"左"倾错误，在理论上出现了背离马克思列宁主义、毛泽东思想的轨道，在实践上给党、国家和人民的利益造成了巨大损失和严重灾难。

这一时期，毛泽东思想在曲折中又有所发展，其发展表现为：在生产资料的社会主义改造完成后，毛泽东及时地提出了党的工作重点向经济建设的转移，集中力量发展生产力；在纠正"大跃进"和人民公社化运动中出现的"共产风"时，毛泽东认真研究了马克思列宁主义的有关著作，提出了"大力发展社会主义商品生产"的思想；提出了实现四个现代化，建设社会主义强国的思想；在探索中国工业化道路方面，提出了"正确处理农、轻、重的关系"和"以农业为基础，以工业为主导"的思想；在民主政治建设、思想文化建设、执政党建设等方面也提出了一系列重要思想。尤其是毛泽东在《关于正确处理人民内部矛盾的问题》一文中，提出了社会主义社会两类不同性质矛盾及其不同的处理方法，并制定了一系列正确处理人民内部矛盾的方针政策，这是对马克思列宁主义的又一重大贡献，使毛泽东思想体系更加完整。

在这一阶段，老一辈无产阶级革命家周恩来、刘少奇、陈云、邓小平、朱德、邓子恢等，提出了建设社会主义现代化强国的思想以及经济建设方面的指导思想，在农村经济发展、农业生产责任制等方面，提出了许多卓有成效的意见，对毛泽东思想的进一步发展做出了不可磨灭的贡献。

本章复习要点

1. 毛泽东思想是19世纪末20世纪初世界和中国社会矛盾运动的必然产物。毛泽东思想产生的时代是以战争与革命为主题的时代。19世纪末20世纪初，资本主义国家进入帝国主义阶段，垄断资本主义使资本主义社会固有矛盾激化，使帝国主义国家加强对外扩张。帝国主义国家发展的不平衡，引起了帝国主义国家之间的战争。战争削弱了资本主义体系，教育锻炼了人民，引发了革命。十月革命打破了资本主义的一统天下，殖民地、半殖民地民族民主革命纳入无产阶级革命。这是毛泽东思想产生的时代背景。

2. 毛泽东思想是半殖民地、半封建中国社会的产物。三座大山压迫下的中国，民族危机深重，为了寻找中华民族的出路，无数仁人志士前仆后继，从各方面进行了探索。新的社会生产力的增长和中国工人阶级的壮大，为中国共产党的成立和毛泽东思想的产生提供了阶级基础。这是毛泽东思想产生的社会条件。

3. 十月革命后，马克思列宁主义传入中国，在中国得到广泛传播，毛泽东在李大钊等的影响下，开始接触马列主义，在革命斗争中刻苦学习、钻研马列主义著作，这为毛泽东思想的产生提供了理论渊源。毛泽东将马克思列宁主义同中华民族文化相融合，批判继承了中华民族文化的优良传统和积极成果，使马列主义中国化，形成了中华民族新文化的崭新形态，使其成为中国人民认识世界和改造世界的锐利思想武器。

4. 毛泽东思想是马列主义同中国革命和建设实践相结合的产物，中国革命和建设的实践是毛泽东思想产生的实践基础。以马克思列宁主义为指导解决中国革命和建设实践中所提出的各种问题，是毛泽东思想形成和发展的直接动力。毛泽东思想是中国革命和建设实践经验的概括和总结。

5. 毛泽东思想在中国革命和建设的艰难曲折过程中产生，经历了形成、成熟、继续发展和曲折发展四个阶段。

思考题

1. 为什么说毛泽东思想产生的时代的主题是战争与革命？十月革命后，新时代给无产阶级革命者提出了什么样的课题？

2. 近代中国百年来人民的梦想是什么？为了实现这一梦想中国人民都做了哪些有益的探索？其经验教训是什么？

3. 如何理解毛泽东思想同马克思列宁主义的关系？

4. 如何理解毛泽东思想同中国优秀传统思想文化的关系？

5. 为什么说毛泽东思想是中国革命和建设经验的总结和概括？

第二章

新民主主义革命的基本理论

以毛泽东为代表的中国共产党人，以马克思主义为指导，在充分认识近代中国社会性质和总结近代中国历史上各个阶级进行民族民主革命失败的经验教训基础上，从中国国情出发，正确解决了中国革命的对象、动力、领导、性质和前途等一系列重大问题，制定了新民主主义革命的总路线及其政治、经济、文化纲领，创立了新民主主义革命理论。在这一理论指导下，中国革命取得了伟大的胜利。实践证明，这一理论是指导中国新民主主义革命的唯一正确理论。

第一节 近代中国国情和新民主主义革命

一、近代中国社会和近代中国民族民主革命

> 革命是不能“制造出来”的，革命是从客观上（即不以政党和阶级的意志为转移）已经成熟了的危机和历史转折中发展起来的……
>
> ——列宁

近代中国社会是半殖民地半封建的社会性质。认清中国社会的性质，也就是说，认清中国的国情，乃是认清一切革命问题的基本的根据。毛泽东把社会性质看做是中国的最大国情。他说，旧中国半殖民地半封建的社会性质及其在各方面的表现，是在中国革命的时期内和在革命胜利以后一个相当长的时期内一切问题的基本出发点。

中国半殖民地半封建社会，既不同于鸦片战争前的封建社会，也有别于一般的资本主义社会。它具有如下几方面的基本特点：

第一，封建时代的自给自足的自然经济基础是被破坏了；但是，封建剥削制度的根基——地主阶级对农民的剥削，不但依旧保持着，而且同买办资本和高利贷资本的剥削结合在一起，在中国的社会经济生活中，占着显然的优势。

第二，民族资本主义有了某些发展，并在中国政治、文化生活中起了颇大的作用；但是，它没有成为中国社会经济的主要形式，它的力量是很软弱的，它与外国帝国主义和国内封建主义都有或多或少的联系。

第三，帝国主义和中国的封建主义相互勾结，共同统治着中国人民。皇帝和贵族的专制政权被推翻后，代之而起的先是帝国主义支持下的地主阶级的军阀官僚的统治，接着是帝国主义支持下的地主阶级和大资产阶级联盟的专政。

第四，帝国主义不仅操纵了中国财政和经济的命脉，并且操纵了中国的政治和军事的力量，使中国在实质上丧失了从前完整的主权国和独立国的地位。

第五，由于中国是在许多帝国主义国家的统治或半统治之下，实际上处于长期的不统一状态，又由于中国的土地广大，中国的经济、政治和文化的发展，表现出极端的不平衡。

第六，由于帝国主义和封建主义的双重压迫，中国的广大人民，尤其是农民，日益贫困化以至大批破产，他们过着饥寒交迫和毫无政治权利的生活。中国人民的贫困和不自由的程度，是世界所少见的。

近代中国社会就是这样一个特殊的社会形态，正是基于对这种特殊社会形态特点的认识，毛泽东指出：帝国主义和中华民族的矛盾，封建主义和人民大众的矛盾，这些就是近代中国社会的主要的矛盾。当然还有别的矛盾，例如资产阶级和无产阶级的矛盾，反动统

治阶级内部的矛盾。而帝国主义和中华民族的矛盾，乃是各种矛盾中的最主要的矛盾。这些矛盾的斗争及其尖锐化，就不能不造成日益发展的革命运动。伟大的近代和现代的中国革命，是在这些基本矛盾的基础之上发生和发展起来的。

中国近代社会的国情和主要矛盾，不仅成为中国革命发生的根本原因，同时也决定了近代中国革命的对象、任务和性质。这就是：对外推翻帝国主义的压迫，求得民族独立和人民解放；对内推翻封建主义的统治，实现国家繁荣富强和人民共同富裕，走现代化的道路。鸦片战争以后，中华民族始终面临着以上两大历史任务。在这两大任务之间，既存在着区别，又彼此紧密联系着。革命的首要任务是推翻来自帝国主义的剥削和压迫，实现国家独立和民族解放。封建地主阶级是帝国主义统治中国的主要社会基础，而农民则是中国革命的主力军，如果不帮助农民推翻封建地主阶级，就不能组成中国革命的强大的队伍而推翻帝国主义的统治。这种复杂情形，决定了中国近代革命既是反帝的民族革命，又是反封建的民主革命，近代中国革命是反帝反封建的资产阶级民族民主革命。

二、旧民主主义革命向新民主主义革命的转变

> 中国从五四运动起，由旧民主主义革命转到了新民主主义革命。
>
> ——毛泽东

1911年10月10日，武昌起义爆发，革命浪潮迅速席卷全国。清政府顷刻土崩瓦解。同太平天国农民战争和资产阶级改良运动等相比，辛亥革命开创了完全意义上的近代民族民主革命。它赶走了皇帝，结束了中国长达两千多年的封建专制制度，建立了中华民国，颁布了具有资产阶级性质的《临时约法》，使中国人民的反封建斗争向前跨出了重大一步。它在中国历史上破天荒地确立了资产阶级共和国的国家制度，废除了封建君主专制制度，对中国民族资本主义的发展和民主共和思想的进一步传播起了重要的推动作用。因此，辛亥革命大大推进了中国政治、经济诸方面的近代化进程，成为20世纪中国社会的第一次历史性巨变。正是在这个意义上，辛亥革命使中国的资产阶级民主革命进入了一个新的历史阶段，成为民主革命的一个重要里程碑。

辛亥革命并未完成近代中国民族民主革命的任务，其果实很快被封建军阀袁世凯所篡夺。辛亥革命之所以失败，一方面是由于当时中外反革命势力联合的力量远远大于革命力量；另一方面，也是更主要的方面，在于这次革命的领导者中国资产阶级是一个经济上、政治上都十分软弱的阶级。他们缺乏彻底地进行反帝反封建斗争的足够勇气和力量，具有明显的软弱性和妥协性。在斗争中，他们不但没有明确地提出反对帝国主义的纲领，甚至还对帝国主义抱有不切实际的幻想。孙中山虽然提出了“平均地权”的口号，但始终没有真正实行过，农村中的封建关系没有受到任何触动。同时，他们也缺乏坚强统一的领导核心以及正确的革命斗争方法和策略，严重脱离下层劳动群众。辛亥革命并没有完成中国反帝反封建的民族民主革命任务，中国仍然是一个半殖民地半封建社会。辛亥革命失败后，资产阶级革命派继续发动了“二次革命”，护国战争，护法运动，但这些斗争也都无一例外地失败了，辛亥革命及其以后的历史一再证明，软弱的中国资产阶级没有能力领导中国民主革命取得胜利，资产阶级共和国的政治方案在中国行不通。

近代中国革命斗争的历史证明：尽管各次革命的领导者都曾经提出过各式各样的救国方案，采取过各种斗争形式，但由于历史和阶级的局限，他们都不懂得中国半殖民地半封建的社会性质，不懂得帝国主义勾结封建势力统治中国的目的是要把中国变为殖民地，而决不允许中国独立地发展资本主义和富强起来，所以他们都找不到国家和民族的出路。他们领导的革命运动，即使是取得过这样那样的一些成就，但都没有也不可能改变中国半殖民地半封建的社会状况。

从鸦片战争到五四运动的近 80 年中，中国人民进行的斗争由于缺乏科学理论的指导，无论是农民阶级的平均主义，还是资产阶级的改良主义或民主主义，都不能引导中国革命走向胜利。就这样，西方资产阶级的文明、资产阶级的民主主义、资产阶级共和国的方案，在中国人民的心目中，一齐破了产。旧民主主义革命的失败，呼唤着新的革命时代——新民主主义革命时代的到来。

中国人民选择马克思的科学社会主义来指导中国革命，这一重大抉择是在五四时期作出的，五四运动成为中国旧式的资产阶级民主革命转变为新式的资产阶级民主革命的转折点。

经过五四爱国运动，中国人民又有了新的觉醒。巴黎和会上帝国主义列强联合压迫中国的事实，进一步打破了人们对帝国主义的幻想，使更多的中国人真诚地倾向于反对帝国主义的社会主义运动。马克思主义因此在中国得到了迅速而广泛的传播，并成为五四以后新文化运动的主流。

1921 年 7 月，中国共产党成立，这是中国历史上开天辟地的大事件，中国共产党从此开始肩负起领导中国资产阶级民主革命的重任，实现了由旧民主主义革命到新民主主义革命的历史转变。

1922 年 7 月，中国共产党在上海召开了第二次全国代表大会。基于对国情的正确分析，大会明确提出了中国共产党在民主革命阶段的基本纲领。即：消除内乱，打倒军阀，建设国内和平；推翻国际帝国主义的压迫，达到中华民族的完全独立；统一中国为真正的民主共和国。这是第一次在中国人民面前提出反帝反封建的民主革命纲领。从此，中国革命进入了新时期，成为新式的资产阶级民主革命。正如毛泽东所说，自从有了中国共产党，中国革命的面目就焕然一新了。

在中国共产党领导下，这个革命的第一步是推翻帝国主义和封建势力的压迫，在中国建立一个无产阶级领导的，各革命阶段联合专政的新民主主义共和国，属于新民主主义革命性质。第二步是在此基础上，继续进行社会主义革命，使中国逐步过渡到社会主义社会。

当时中国的资产阶级民主主义的革命，已不是旧式的一般的资产阶级民主主义的革命（这种革命已经过时了），而是新式的特殊的资产阶级民主主义的革命。这种新式的民主革命，虽然在一方面是替资本主义扫清道路，但在另一方面又是替社会主义创造前提。这一革命阶段，是终结半殖民地半封建社会和建立社会主义社会之间的一个过渡的阶段，是一个新民主主义的革命过程。这个过程在中国是从 1919 年五四运动开始的。所谓新民主主义的革命，就是在无产阶级领导之下的人民大众的反帝反封建的革命。中国的社会必须经过这个革命，才能进一步发展到社会主义的社会去，想要越过这个革命是不可能的。

第二节　新民主主义革命的基本理论

毛泽东从中国的历史状况和社会状况出发，深刻研究了中国革命的特点和中国革命的规律，发展了马列主义关于无产阶级在民主革命中的领导权思想，创立了新民主主义革命的理论。新民主主义革命的总路线是：无产阶级领导的，人民大众的，反对帝国主义、封建主义和官僚资本主义的革命。这一总路线是新民主主义革命理论的集中概括。它解决了新民主主义革命的一系列重大问题。

一、新民主主义革命的对象

中国现阶段革命的目的，是在推翻帝国主义、封建主义、官僚资本主义的统治，建立一个以劳动者为主体的、人民大众的新民主主义共和国……

——毛泽东

近代中国半殖民地半封建社会的性质，决定了中国民主革命的对象是帝国主义、封建主义和官僚资本主义。

帝国主义和封建主义相勾结，造成了中国半殖民地半封建的性质。帝国主义和中华民族的矛盾、封建主义和人民大众的矛盾成为近代中国社会的主要矛盾，而帝国主义和中华民族的矛盾仍是多种矛盾中最主要的矛盾。中国社会的主要矛盾规定了帝国主义和封建主义是中国革命的主要对象，而帝国主义是中国人民第一个最凶恶的敌人。帝国主义列强侵入中国的目的，绝不是要把封建的中国变成资本主义的中国，而是要把中国变成他们的半殖民地和殖民地。

地主阶级是封建主义的代表，它们凭借封建土地所有制占有基本生产资料（土地）和不完全占有直接生产者（农民），借助于超经济强制，通过地租形式，压迫和剥削农民。在近代中国，封建剥削制度依旧保持，并且在中国的社会经济生活中占着明显优势，它使占人口80%以上的农民被束缚在封建生产关系中。地主阶级不仅用封建制度压迫和剥削农民，而且在半殖民地的中国，地主阶级为了维护其统治，不惜投靠帝国主义而成为其附庸，是帝国主义统治中国的主要的社会基础，代表中国最落后、最反动的生产关系，阻碍中国生产力的发展，是在政治上、经济上、文化上阻碍中国社会前进而没有丝毫进步作用的阶级。因此，作为阶级来说，地主阶级是革命的对象。

除了帝国主义和封建地主阶级，大资产阶级（亦称买办资产阶级或官僚资产阶级）也是中国革命的敌人。它们在帝国主义的扶持下，凭借政权力量，采取超经济掠夺的方式，通过官僚资本主义控制国家的经济，压迫和掠夺劳动人民，排挤民族资本主义，是帝国主义控制中国和掠夺中国人民的代理人，他们加深了中国的半殖民地化，是一个极反动的阶级。因此他们也是新民主主义革命要推翻的敌人。

二、新民主主义革命的动力

所谓人民大众，是包括工人阶级、农民阶级、城市小资产阶级、被帝国主义和国民党反动政权及其代表的官僚资产阶级（大资产阶级）和地主阶级压迫和损害的民族资产阶级，而以工人、农民（兵士主要是穿军服的农民）和其他劳动人民为主体。

——毛泽东

新民主主义革命的动力，就是新民主主义革命总路线中所说的“人民大众”，它包括无产阶级、农民阶级、城市小资产阶级和民族资产阶级在内的庞大群体。其中，无产阶级是中国革命的领导力量。

农民是人民大众的主体部分。在半殖民地半封建的中国，农民占全国人口的80%以上，是帝国主义和封建主义的最大的剥削、掠夺对象。他们承担着社会的基本生产任务，处在社会的底层，受着深重的压迫，生活极为悲惨，因而他们具有极强的革命性，是中国革命的主力军。

农民以外的小资产阶级，包括广大的知识分子、小商人、手工业者和自由职业者。他们都受到帝国主义、封建主义和大资产阶级的压迫，是革命的动力之一，是无产阶级的可靠的同盟者。其中，知识分子和青年学生中的大多数有很大的革命性，在新民主主义革命中常常起着先锋和桥梁的作用。革命力量的组织和革命事业的建设都离不开革命的知识分子。小商人、小手工业者和自由职业者，能够参加和拥护革命，是革命的很好的同盟者，因此，必须争取和保护他们，同时对他们加强革命的宣传和组织工作，克服其易受资产阶级影响的特点。

中国的民族资产阶级也是革命动力之一。民族资产阶级由于受帝国主义和官僚资产阶级的压迫，又受封建主义的束缚，民族资产阶级与其有矛盾的一面，因而有反帝反封建的革命性，是革命的动力之一。但又由于在经济上与帝国主义、封建主义、官僚资本主义有千丝万缕的联系，所以在政治上缺乏彻底反帝反封建和反官僚资本主义的勇气。但是，民族资产阶级同大地主、大资产阶级还是有区别的，他们是无产阶级领导的新民主主义革命的同盟者，是中国新民主主义革命的一个重要动力。

三、新民主主义革命的领导力量

工业无产阶级人数虽不多，却是中国新的生产力的代表者，是近代中国最进步的阶级，做了革命运动的领导力量。

——毛泽东

无产阶级对于革命的领导权问题，是新民主主义革命理论的核心。革命导师马克思最早提出无产阶级积极加入资产阶级民主革命，并从中发展壮大自己力量的原则。列宁进一步提出在资产阶级民主革命中无产阶级必须掌握革命领导权的思想。以毛泽东为代表的中国共产党人，既以马列主义为指导，又不断总结中国革命斗争的实践经验，从而发展了无产阶级在半殖民地半封建国家民族民主革命运动中的领导权理论。

中国革命必须由无产阶级来领导，这是民主革命历史发展的必然结果，也是由中国无产阶级的先进性和革命性决定的。

无产阶级对中国革命的领导是通过自己的政党来实现的。无产阶级领导实质上就是共产党的领导。政党是阶级斗争的产物和工具。无产阶级要完成解放自己和解放全人类的远大目标和崇高历史使命，就必须有自己独立的革命政党的领导。无产阶级还要同资产阶级争夺领导权。仅仅认识到无产阶级是个领导阶级，显然还不能解决领导权问题。中国无产阶级具有极优越的条件来获取最后的胜利。但领导权并不是天生地属于中国共产党，资产阶级及整个第三营垒的人，也在用尽一切力量来争取领导权，企图使中国走第三条（资本主义的）道路。所以，进一步解决无产阶级如何实现领导权的问题，即如何和资产阶级争夺领导权的问题，就显得格外重要了。

四、新民主主义革命的性质和前途

> 现阶段上的中国资产阶级民主主义的革命，不是一般的旧式的资产阶级民主主义的革命，而是特殊的新式的民主主义的革命，而是新民主主义的革命……中国革命的终极的前途，不是资本主义的，而是社会主义和共产主义的……
>
> ——毛泽东

中国新民主主义革命的性质，是资产阶级民主主义革命。这是中国社会性质、社会基本矛盾所决定的。中国社会是个半殖民地半封建社会，中国革命的主要敌人是帝国主义和封建主义，革命的主要任务是推翻这两个敌人。在这个反帝反封建革命中，有时还有民族资产阶级参加，即使大资产阶级背叛革命而成为革命敌人时，革命的锋芒也不是向着一般民族资本主义，而是向着帝国主义和封建主义。既然如此，所以中国革命的性质，不是无产阶级社会主义的，而是资产阶级民主主义的。

然而这一革命又不同于旧式的一般的资产阶级革命，而是一种新式的特殊的资产阶级民主革命，即新民主主义革命。

这是因为：第一，新民主主义革命发生在无产阶级社会主义革命的新时代，反对帝国主义即反对国际资产阶级。反对国际资本主义的革命，它就不再属于旧的世界资产阶级革命的范畴，而是属于世界无产阶级社会主义革命的范畴。中国革命发生在第一次世界大战和十月革命之后，从五四运动开始，中国革命不再属于旧的资产阶级民主革命的范畴，而属于新的无产阶级社会主义革命的范畴。五四运动是中国新民主主义革命的伟大开端。

第二，新民主主义革命的领导者是无产阶级。五四运动之前，中国民主革命的领导者是资产阶级和小资产阶级，无产阶级是作为资产阶级的追随者参加革命的。从五四运动开始，中国无产阶级已经作为一支独立的政治力量登上了历史舞台，并建立了中国共产党，成为中国革命的领导者。虽然资产阶级继续参加着革命，但中国革命的领导阶级已经不属于资产阶级，而属于无产阶级及其政党了。领导阶级不同，是区别中国新旧民主主义革命的根本标志。

第三，新民主主义革命的指导思想是马克思主义。近代以来，先进的中国人一直在向西方寻求救国的真理。中国旧民主主义革命的领导者，曾经以空想社会主义、资产阶级改良主义和三民主义作为思想理论武器，同帝国主义、封建主义进行了前仆后继、不屈不挠的斗争，但学生总是打不过老师。实践证明，西方资产阶级民主主义思想不可能指导中国革命取得胜利。十月革命一声炮响，给中国送来了马克思列宁主义，中国自有科学的共产主义以来，人们的眼界提高了，中国革命也改变了面目。中国的民主革命，没有共产主义去指导是决不能成功的。以马克思主义作为思想理论武器，是新民主主义革命的一个重要特点。

第四，新民主主义革命是以社会主义为发展前途的。新民主主义革命的前途问题，实际上也就是中国民主革命和社会主义革命的关系问题。毛泽东根据中国半殖民地半封建社会性质，认为中国革命必须分两步走。第一步是新民主主义革命，它的任务是改变半殖民地半封建的社会形态，使中国变为一个独立的民主主义的社会；第二步，使革命继续向前发展，进行社会主义革命，进而建立社会主义社会。

在民主革命和社会主义革命关系问题上，中国共产党内曾出现过两种错误倾向：一种是陈独秀的“二次革命”论，主张民主革命胜利后，先建立资产阶级专政的资本主义社会，待资本主义有所发展，再进行社会主义革命。这种观点只看到两个革命阶段之间的区别，却割断了二者之间的紧密联系，要在两个革命阶段之间横插一个资产阶级专政和发展资本主义的阶段，实际上是把中国新民主主义革命混同于旧民主主义革命。另一种是以王明为代表的“左”倾冒险主义，主张将民主革命和社会主义革命“毕其功于一役”，企图超越民主革命阶段，直接进行社会主义革命。这种观点，只看到两个革命之间的联系，却混淆了两个革命的界限和区别。毛泽东指出：只有认清民主主义革命和社会主义革命的区别，同时又认清二者的联系，才能正确地领导中国革命。中国革命两步走的思想，深刻揭示了中国革命的客观规律，指明了中国革命的前途和方向，丰富和发展了马列主义关于资产阶级民主革命的学说。

第三节　新民主主义的基本纲领

一、新民主主义的政治纲领

> 国体——各革命阶级联合专政。政体——民主集中制。这就是新民主主义的政治，这就是新民主主义的共和国……
>
> ——毛泽东

新民主主义的政治纲领，就是彻底推翻帝国主义和封建主义的压迫，建立一个无产阶级领导的，以工农联盟为基础的，各革命阶级联合专政的民主共和国。

国体，是指国家的阶级性质，即社会各阶级在国家中的地位。新民主主义共和国的国体是无产阶级领导的，以工农联盟为基础的，包括小资产阶级、民族资产阶级和其他反帝反封建人们在内的几个革命阶级的联合专政。社会各阶级在国家中的地位是由各阶级在革命中的地位决定的。无产阶级、农民阶级、知识分子和其他小资产阶级，是中国革命的基本动力，是决定国家命运的基本势力，因此必然要成为国家和政权构成的基本部分，而无产阶级则是领导力量。民族资产阶级是这个联合专政的组成部分，但它不是领导者，在国家政权中也不占据主要地位。这种新民主主义共和国，既不同于早已过时的欧美式的资产阶级专政的共和国，也不同于苏联式的无产阶级专政的社会主义共和国。它是中国一定历史时期中所采取的特殊的国家形式。

政体，是指政权的构成形式，即占统治地位的阶级采取什么形式来组织政权机关。与新民主主义国体相适应的政体，是采取民主集中制的人民代表大会制度，即实行无男女、信仰、财产、教育区别的真正平等的选举制，选出从基层到全国的各级人民代表大会，由各级人民代表大会决定大政方针，选举政府，以行使人民赋予的职权，体现人民的意志。新民主主义的各级政府实行民主集中制的原则，就是在民主基础上的集中，在集中指导下的民主。只有这种制度，才能既体现广泛的民主，使各级人民代表大会有高度的权力，又能使各级政府集中处理国事，并保障人民的民主权利，充分地集中人民的意志，最有力量地去反对革命的敌人。

毛泽东指出，新民主主义国家是半殖民地半封建社会的中国革命中一定历史时期采取的国家形式，带有一种过渡性质，但却是“不可移易的必要的形式”。新民主主义政治中无产阶级的领导，将保证新民主主义向社会主义转变。

二、新民主主义的经济纲领

> 没收封建阶级的土地归农民所有，没收蒋介石、宋子文、孔祥熙、陈立夫为首的垄断资本归新民主主义的国家所有，保护民族工商业。这就是新民主主义革命的三大经济纲领。
>
> ——毛泽东

新民主主义政治是与新民主主义经济紧密联系的。新民主主义共和国经济的性质，既不能是资本主义的，也不能是社会主义的，而只能是民主主义的。一方面，由于新民主主义共和国的经济是无产阶级领导下建设起来的，这就决定了它必然含有社会主义经济的因素——国营经济和合作社经济，它们在国家经济中占据主导地位。这是新民主主义经济与资本主义经济的本质区别。另一方面，新民主主义革命胜利后，也不可能在半殖民地半封建经济的废墟上直接建立社会主义的经济关系。因为，在中国的条件下，在新民主主义的国家制度下，除了国营经济、劳动人民的个体经济和合作社经济之外，一定要让私人资本主义经济在不操纵国计民生的范围内获得发展的便利，才能有益于社会向前发展。

1947 年 12 月，毛泽东在《目前形势和我们的任务》的报告中，将建立新民主主义经济体制的三项措施明确概括为三大经济纲领，即“没收封建阶级的土地归农民所有，没收蒋介石、宋子文、孔祥熙、陈立夫为首的垄断资本归新民主主义的国家所有，保护民族工商业。”

没收封建阶级的土地归农民所有，是新民主主义革命的中心任务。没收蒋介石、宋子文、孔祥熙、陈立夫为首的四大家族的官僚资本归新民主主义的国家所有，是夺取新民主主义革命胜利必须完成的任务。保护民族工商业，就是保护民族资本主义，这是由新民主主义革命的性质和任务所决定的。

三、新民主主义的文化纲领

> 民族的科学的大众的文化，就是人民大众反帝反封建的文化，就是新民主主义的文化，就是中华民族的新文化。
>
> ——毛泽东

一定的文化是一定社会的政治和经济在观念形态上的反映，并影响和作用于一定社会的政治和经济。新民主主义文化是新民主主义政治、经济在思想文化上的反映，并为新民主主义政治和经济服务。

新民主主义文化思想是从1919年五四运动以来逐步形成的。五四时期，具有初步共产主义思想的李大钊、陈独秀、鲁迅等人，对中国封建主义文化、帝国主义奴化思想进行了猛烈的批判，对马克思主义文化进行了研究和宣传。中国共产党成立后，党内的瞿秋白、张闻天等人，对新民主主义文化理论中的诸多问题进行了探索，并初步提出了新民主主义革命阶段的文化纲领。抗战时期，毛泽东吸取了党内对新民主主义文化问题探索的积极成果，于1940年初发表了《新民主主义论》，张闻天同时发表了《抗战以来中华民族的新文化运动与今后任务》，对新民主主义的文化纲领进行了完整的概括。毛泽东指出：现阶段上中国新的国民文化的内容，既不是资产阶级的文化专制主义，也不是单纯的无产阶级的社会主义，新民主主义的文化纲领就是无产阶级领导的人民大众的反帝反封建的文化，即民族的科学的大众的文化。

所谓民族的文化，强调的是文化的民族形式。这种文化是彻底反对帝国主义压迫，争取民族独立和维护民族尊严的文化。同时它又是我们中华民族的，带有我们民族的特征，是以民族的形式表现出来的。强调文化发展的民族形式和特征，并不是排斥外来文化，固守传统文化，而是要把民族文化与世界文化的发展联系在一起，大量吸收外国的进步文化，作为自己文化食粮的原料。但是，这种吸收应该采取取其精华、去其糟粕的态度，而绝非生吞活剥地毫无批判地吸收，不是形式主义公式化地照搬照抄外国某种既定模式，搞“全盘西化”。

所谓科学的文化，强调的是文化的科学内容。这种文化反对一切封建迷信思想，主张实事求是，主张客观真理，主张理论和实践一致。在这点上，中国无产阶级的科学思想能够和还有进步性的中国资产阶级的唯物论者和自然科学家建立反帝反封建反迷信的统一战线，但是决不能和任何反动的唯心论建立统一战线。共产党员可以和某些唯心论者甚至宗教徒建立在政治行动上的反帝反封建的统一战线，但是决不能赞同他们的唯心主义和宗教教义。对于中国古代文化，应剔除其封建性的糟粕，吸收其民主性的精华，决不能无批判地兼收并蓄。同时，必须尊重历史，但这种尊重，是给历史以一定的科学的地位，是尊重历史的辩证法的发展，而不是颂古非今，不是赞扬任何封建的毒素。

所谓大众的文化，强调的是文化的服务方向。这种文化应该是为全民族中90%以上的工农劳苦民众服务，并逐渐成为他们的文化。近百年来，中国无数先进的知识分子始终在上下求索，寻找着适合中国文化的发展道路。新民主主义文化无疑是近代中国人认识和会通中西文化最为珍贵的历史结晶。新民主主义文化纲领是以毛泽东为代表的中国共产党人新民主主义文化思想的体现，是新民主主义的重要组成部分。这一纲领反映了新民主主义革命时期中国文化发展的必然趋势，也是实现中国文化繁荣的必要步骤。

新民主主义政治纲领、经济纲领、文化纲领，是新民主主义理论体系的重要组成部分。它为中国共产党正确地认识和处理中国革命过程中遇到的一系列具体问题提供了坚实的理论基础，同时也为新民主主义社会勾画出一幅美好蓝图。正如毛泽东所说："新民主主义的政治、新民主主义的经济和新民主主义的文化相结合，这就是新民主主义共和国……这就是我们要造成的新中国。"

本章复习要点

1. 近代中国社会是半殖民地半封建社会。近代中国社会的主要矛盾是：帝国主义与中华民族的矛盾、封建主义与人民大众的矛盾。中华民族的两大历史任务是：求得民族独立和人民解放；实现国家繁荣富强和人民共同富裕。

2. 五四运动中中国无产阶级登上政治舞台，成为中国民主革命新的领导力量，标志着新民主主义革命的开始。中国共产党依据中国国情，制定了新民主主义革命的总路线：无产阶级领导的，人民大众的，反对帝国主义、封建主义和官僚资本主义的革命。这条总路线解决了中国革命的对象、动力、领导、性质和前途等一系列重大问题。

3. 新民主主义的政治纲领，是建立各个革命阶级联合专政，实行民主集中制的新民主主义国家；经济纲领是没收封建地主阶级的土地归农民所有，没收四大家族官僚资本归新民主主义国家所有，保护民族工商业；文化纲领是无产阶级领导的人民大众的反帝反封建的文化，即民族的、科学的、大众的文化。

思考题

1. 帝国主义和封建主义为什么是中国新民主主义革命的主要对象？

2. 怎样理解新民主主义革命是新式的资产阶级民主革命？

3. 新民主主义的政治、经济和文化纲领是什么？

第三章

新民主主义革命的基本道路

以毛泽东为代表的中国共产党人在大革命失败后，从中国半殖民地半封建社会的国情和中国革命的特点出发，将革命重心由城市转向农村，实行“工农武装割据”，开辟了以农村包围城市、武装夺取政权的革命新道路。中国新民主主义革命的胜利，证明了这条道路是中国革命唯一正确的道路，是对马克思列宁主义关于国家与革命学说的新贡献。

第一节　中国共产党对中国革命新道路的探索

一、农民问题是中国革命的基本问题

中国的革命实质上是农民革命……因此农民问题，就成了中国革命的基本问题，农民的力量，是中国革命的主要力量。

——毛泽东

毛泽东关于农民问题重要性的认识

无产阶级革命导师十分重视农民问题。马克思在总结法国1848年革命时，最早提出了工农联盟的思想。1856年4月16日，马克思在给恩格斯的信中，具体提到德国革命时，他希望能有过去那样的农民战争来支持无产阶级革命。1905年，列宁明确提出把农民从以前资产阶级革命中资产阶级的后备军，变成现在资产阶级民主革命中无产阶级的后备军和同盟者。他指出：无产阶级应当把民主革命进行到底，这就要把农民群众联合到自己方面来，以便用强力打破专制制度的反抗，并麻痹资产阶级的不稳定性。到了无产阶级革命时代，民族解放运动蓬勃兴起，列宁主义认为，在殖民地落后国家中，仍然是封建关系占优势，农民是主要群众。在这些国家中，无产阶级必须联合农民，首先完成反封建的民主革命，才能过渡到社会主义革命。因此，农民同盟军问题是马克思列宁主义战略策略思想中一个极其重要的问题。

中国共产党领导的新民主主义革命，是在半殖民地半封建的农业大国中进行的。1921年中国共产党成立后，就运用马克思主义科学地分析了中国的国情，提出了反帝反封建的民主革命纲领，随后又提出了工农联盟的思想，开始了中国共产党领导下的农民运动。因此，中国共产党一向认为，农民问题是中国革命的基本问题。

毛泽东是中国共产党最早从事农民运动的组织者之一，也是中国共产党最早重视农民问题的领导人之一。

1926年下半年和1927年上半年，随着北伐战争的胜利进军和农民运动的蓬勃发展，毛泽东对农民问题的认识不断升华，对农民问题理论的研究也不断深入，这比较集中地反映在他撰写的《国民革命与农民运动》和《湖南农民运动考察报告》两篇文章之中。

在土地革命战争时期，毛泽东作了一系列农村调查，并在革命根据地组织和发动了广大农民，领导广大农民开展了轰轰烈烈的土地革命和武装斗争。抗日战争爆发以后，他又领导广大农民开展了波澜壮阔的抗日战争。通过这些调查和斗争实践，他对农民在中国革命中的重大作用有了更深刻的认识。1939年12月，毛泽东在《中国革命和中国共产党》中，进一步强调了农民问题的重要性，他说："农民在全国总人口中大约占百分之八十，是现时中国国民经济的主要力量”。其中的贫农，“是中国革命的最广大的动力，是无产阶级的天然的和最可靠的同盟者，是中国革命队伍的主力军”。1940年1月，他在《新民主主义论》中再次强调：“中国的革命实质上是农民革命，现在的抗日，实质上是农民的抗日。新民主主义的政治，实质上就是授权给农民。新三民主义，真三民主义，实质上就是农民革命主义。大众文化，实质上就是提高农民文化。抗日战争，实质上就是农民战争。”1945年，在中共七大上，毛泽东对农民的伟大作用作了更加全面的论述。在《论联合政府》的报告中，他指出：“除了无产阶级是最彻底的革命民主派之外，农民是最大的革命民主派”。不仅如此，农民是中国工人的前身，是中国工业市场的主体，是现阶段中国民主政治的主要力量和中国文化运动的主要对象。中国的民主主义者如不依靠三亿六千万农民群众的援助，他们就将一事无成。农民还是中国军队的来源，士兵就是穿起军服的农民，他们是日本侵略者的死敌。“认识这一切，不但中国共产党人，而且一切民主派，都是完全必要的”。在七大上的口头政治报告中，毛泽东再次强调说：“所谓人民大众，主要的是农民”，“忘记了农民，就没有中国的民主革命”。

毛泽东关于农民问题重要性的认识，是马克思列宁主义同中国农民运动具体实践相结合的产物，是中国农民革命运动经验的总结。它为中国革命找到了战略基地——农村；找到了中国革命赖以依靠的力量——农民；找到了中国革命的主要斗争形式——中国共产党领导的以农民为主体的武装斗争。总之，中国革命实际上就是依靠农民的援助才取得胜利的。

农民的根本问题是土地问题

中国革命的基本问题是农民问题，而农民的根本问题是土地问题。旧中国的封建土地制度，使广大农民长期受地主阶级的残酷剥削和压迫，生活极端贫困和处于破产的境遇，这是中国贫穷落后的根源，也是中国国家民主化、工业化、独立、统一和富强的基本障碍。因此，改革封建土地所有制是新民主主义革命的主要内容，中国新民主主义革命实质上就是农民革命。

中国共产党从成立之日起，就十分重视关心农民的根本利益，解决农民的土地问题，先后领导农民进行了土地革命和土地改革，并逐步探索和形成了一系列解决农民土地问题的路线、方针和政策。

大革命时期，李大钊、瞿秋白、毛泽东等党的领导人曾提出解决农民土地问题的思想，党中央也曾通过了关于土地问题的决议案，并领导湖南、湖北、江西、广东、陕西等地农民开展了减租减息、插标分田的斗争。但是，由于陈独秀右倾机会主义错误的影响，既没有制定出自己的土地纲领，更没有决心改革土地制度，使革命失去了农民这个可靠的同盟军，国民革命也因国民党右派的叛变最终失败。

大革命失败后，中国共产党逐渐把工作重点转移到农村，在农村开展土地革命。

1928年12月，毛泽东在总结井冈山一年来分田经验的基础上，主持制定了《井冈山土地法》，确定了分配土地的标准和办法，这是党领导农民在几个县范围内实行土地制度改革的第一次尝试。但是，这个土地法还有许多不够成熟之处，如规定没收一切土地，而不是没收地主土地；土地所有权属于工农民主政府，而不是属于农民个人。这样做既不符合中国农村实际，也容易侵犯中农利益，不易为广大农民所接受。

1929年4月，毛泽东又主持制定了《兴国土地法》，将《井冈山土地法》中规定的没收一切土地改为“没收公共土地及地主阶级的土地”，这是一个原则性的改正。1931年，在总结三年来土地革命的基础上，中国共产党基本上形成一条比较完整的符合中国实际的土地革命总路线和土地分配方法，即：依靠贫雇农，联合中农，限制富农，保护中小工商业者，消灭地主阶级，变封建的半封建的土地所有制为农民的土地所有制；以乡为单位，按人口平均分配土地，在原耕地基础上，实行抽多补少，抽肥补瘦。

土地革命战争时期，以王明为代表的“左”倾冒险主义者，在土地改革中实行一条“左”倾错误政策，即地主不分田，从肉体上消灭地主；富农分坏田，从经济上消灭富农；并在1932年上半年起开始的查田运动中，侵犯了中农的利益。其间受到毛泽东等人的抵制。1935年12月，中共中央作出《关于改变富农策略的决定》，将过去没收富农自食以外多余的土地，改为没收其出租的土地和高利贷。1936年7月，中共中央又发出《关于土地政策的指示》，规定地主被没收土地后，仍分给其耕地及必需的生产工具和生活资料，纠正了错误的土地政策。

1937年2月，为了建立广泛的抗日民族统一战线，中共中央在《致中国国民党三中全会电》中，表示愿意“停止没收地主土地的政策”。中国共产党在抗日根据地实行了减租减息的政策，并写进了《抗日救国十大纲领》，中共中央还规定，在对地主实行减租减息的同时，对农民实行交租交息。这个政策的实施，既减轻了农民所受的封建剥削，又使地主仍保有一定的经济地位，对于巩固团结抗日的大局是大有裨益的。

抗日战争胜利后，中国人民同美蒋反动派之间的矛盾上升为主要矛盾。根据形势的变化和广大农民的要求，中国共产党及时调整了土地政策，1946年5月4日，中共中央发出《关于清算减租和土地问题的指示》（即“五四指示”），决定将抗日战争时期的减租减息政策改变为没收地主土地分配给农民的政策，在解放区普遍开展了土地改革运动。1947年10月，中共中央公布了《中国土地法大纲》，进一步推动了解放区土地改革的深入开展。与此同时，党中央还及时纠正了个别地区在土地改革中出现的打击面过宽，侵犯了中农利益等“左”倾错误做法，并制定了相应的有关政策。在同年12月的中共十二月会议上，毛泽东作的《目前形势和我们的任务》的报告中，明确强调指出，在土地改革中必须注意两个基本原则：一是必须满足贫雇农的要求；二是必须坚定地团结中农，不要损害中农的利益。1948年4月，毛泽东系统地总结了中国土地革命和土地改革的经验教训，在晋绥干部会议的讲话中提出中国共产党新民主主义革命总路线时，明确提出新民主主义革命时期土地改革的总路线，即：依靠贫农，团结中农，有步骤地、有分别地消灭封建剥削制度，发展农业生产。

中国共产党在不同时期实行不同的土地政策，并且在实践中不断完善，从而提高了广大农民的革命积极性和生产积极性，为中国新民主主义革命的胜利提供了重要保证。

二、革命重心由城市转向农村，革命根据地的开辟

> 必须把落后的农村造成先进的巩固的根据地，造成军事上、政治上、经济上、文化上的伟大的革命阵地，借以反对利用城市进攻农村区域的凶恶敌人，借以在长期斗争中逐步地争取革命的全部胜利。
>
> ——毛泽东

城市武装起义模式的失败

中国共产党成立之初，由于缺乏领导中国革命的实践经验，从建党到大革命的几年里，基本上是按照俄国革命的模式开展工作，把党的工作重心放在大中城市，在城市开展工人运动和武装起义。

在那个时候，还没有人会怀疑俄国道路在中国革命实践中的适应性，在革命力量比较雄厚的南方，建立了以广州、武汉为中心的革命根据地。北伐战争中，又以上海、广州、武汉等城市的工人运动和武装起义配合国民革命的北伐。北伐军先后攻占了长沙、武汉、九江、南昌、福州、上海、南京等大中城市，革命势力从珠江流域发展到长江流域。然而，帝国主义列强决不容许革命力量占领他们统治的大城市，便纠集反动势力来绞杀革命，从革命内部拉走了蒋介石集团和汪精卫集团，他们先后背叛革命。轰轰烈烈的大革命归于失败。

大革命失败后，共产党人进行了以南昌起义、秋收起义和广州起义为代表的上百次起义和暴动，当时的指导思想基本上还是城市中心论。

1927年8月1日，在以周恩来为首的中共南昌起义前敌委员会的领导下，朱德、叶挺、贺龙、刘伯承等人发动了南昌起义。起义军一度占领了南昌。随后，起义军按照中共中央在起义前的决定，撤离南昌，南下广州，准备重建以广州为中心的根据地，占领出海口，取得国际援助，然后再进行北伐。由于当时敌我力量悬殊，实现这个计划实际上是不可能的。起义军在南下途中不断遭到国民党军队的围攻，于10月份到达广东潮汕地区失败。保存下来的部队，一部分后由湖南转至井冈山，与毛泽东率领的秋收起义部队会师；一部分突围至海陆丰地区，与当地农民会合，开展游击战争。继南昌起义、秋收起义之后，根据中共中央的指示，中共广东省委书记张太雷和叶挺、叶剑英等领导了广州起义。起义军占领了广州市的大部分地区，成立了广州工农民主政府——广州公社。起义军浴血奋战，但终因寡不敌众，在起义后的第三天遭到失败。广州起义是中国共产党对国民党反动派叛变革命和实行屠杀政策的又一次英勇反击。

起义的实践证明，在半殖民地半封建的中国，面对国民党新军阀在城市拥有强大武装力量的形势下，企图通过城市武装起义或攻占大城市来夺取革命胜利是不可能的。

革命重心由城市转向农村的实践

中国的革命到底应该走一条什么样的道路？如何才能使中国的革命到达胜利的彼岸？以毛泽东为代表的中国共产党人对中国革命道路的探索，首先是革命力量的一种实践活动。

1927年9月9日，在毛泽东的领导下，湘赣边界的秋收起义爆发了。根据中央指示，这次起义是以夺取湖南省会长沙为目标。起义部队按计划先后占领了醴陵、浏阳等县城，但遭到远比自己强大的敌人的阻击，各路起义军先后受挫，损失十分严重。毛泽东根据极其严峻的形势，果断地调整了进攻方向，放弃攻打长沙的计划，改向敌人力量薄弱的湘赣边界罗霄山脉中段进军，以寻求立足之地，保存和发展革命力量。10月下旬，起义部队到达井冈山地区，建立了全国第一个农村革命根据地。这些“工农武装割据”的实践，成为毛泽东创立农村包围城市道路理论的起点。

然而，走“工农武装割据”的道路绝非一帆风顺，而是充满荆棘和艰辛之途。首先，秋收起义队伍内部对“上山”就存在不同意见，少数人还离开了部队。当时临时中央也对毛泽东上井冈山表示不满，为此还撤掉了他的中央政治局候补委员和前委书记的职务。

其次，井冈山根据地面临着巩固和发展的问题。如何开展农村斗争，如何发动群众开展土地革命，建立农村革命政权，扩大革命武装，这是摆在“上山”以后的共产党人面前十分严峻而紧迫的课题。当时的中央和湖南省委仍然坚持以城市为中心，把根据地和红军仅仅看成是中心城市起义的一支可以利用的力量，同时推行盲动主义的烧杀政策，把相当多的农民群众吓跑了。

同时，革命队伍还要面对国民党反动派日益加紧的军事围剿。在革命处于低潮时，想从敌人内部来瓦解敌军的可能性非常小，对付敌人的每次战斗都要硬打，战争的考验是非常严峻的。

井冈山革命根据地，是国民革命失败后中国共产党领导工农群众建立的具有重大影响的农村革命根据地。它的建立具有深远的历史意义：它把革命的退却和革命的进攻有机地结合起来，成功地实现了中国革命的伟大转变；它开辟了在革命低潮形势下重新聚集力量，以农村包围城市、武装夺取政权的新道路。井冈山革命根据地的建立和发展，促进了全国“工农武装割据”局面的形成。1929年至1930年上半年，各地红军利用军阀混战之机，扩大红色区域，发展工农武装，开展土地革命，建立红色苏维埃政权，农村革命根据地的“星星之火”已发展成燎原之势，成为积蓄和发展中国革命力量的主要战略基地，也为中国共产党人探索中国革命的新道路积累了丰富的实践经验。

第二节　农村包围城市、武装夺取政权理论

一、农村包围城市、武装夺取政权理论的初步形成

> 中国的特点是：不是一个独立的民主的国家，而是一个半殖民地的半封建的国家；在内部没有民主制度，而受封建制度压迫；在外部没有民族独立，而受帝国主义压迫。因此……共产党的任务，基本地不是经过长期合法斗争以进入起义和战争，也不是先占城市后取乡村，而是走相反的道路。
>
> ——毛泽东

中国红色政权能够存在和发展的原因与条件

井冈山革命根据地，是我党新形势下中国革命的一块实验基地，也是创建并确立中国

革命道路的伟大开端。“工农武装割据”的存在与实践，不仅不合党内教条主义者的胃口，就是在井冈山红军内部，也存在着各种疑虑，一些人怀疑在边远落后的农村进行游击战争，这样的革命是否能够成功，提出了“红旗到底能够打多久”的疑问。为了回答这些疑问和回击党内教条主义的责难，毛泽东写了《中国的红色政权为什么能够存在?》《井冈山的斗争》等文章，总结了井冈山和各地的斗争经验，从理论上深刻阐明了中国红色政权能够存在和发展的原因和条件。

毛泽东指出：一国之内，在四周白色政权的包围中，有一小块或若干小块红色政权的区域长期地存在，这是世界各国从来没有的事。这种奇事的发生，有其独特的原因。而其存在和发展，亦必有相当的条件。这些原因和条件主要是：

第一，中国是一个几个帝国主义国家间接统治的政治经济发展不平衡的半殖民地半封建的大国。这是近代中国的基本国情，也是红色政权能够存在和发展的根本原因。

第二，大革命的影响。这是红色政权能够存在和发展的客观条件。

第三，全国革命形势的继续向前发展，这是红色政权能够存在和发展的又一客观条件。大革命失败以后，引起中国革命的矛盾不仅一个也没有解决，而且还在继续发展和激化。这些矛盾的存在和发展，决定了革命形势必然继续地向前发展。这是红色政权能够存在和发展的社会政治基础。

第四，相当力量正式红军的存在，这是红色政权能够存在和发展的必要条件。红军是红色政权的支柱，是农村革命根据地存在和发展的关键。若没有相当力量的正式武装，便决然不能造成割据局面，更不能造成长期的和日益发展的割据局面。

第五，共产党组织的有力量和它的政策的不错误，这是红色政权能够长期存在和发展的最重要的主观条件。

以上五个原因和条件，第一条是最重要的客观原因，正是由于中国是几个帝国主义国家间接统治的政治经济发展不平衡的半殖民地半封建的大国，才提供了中国红色政权发生发展的可能性。毛泽东正是在对中国国情深入分析的基础上，从中国革命的实际出发，独创性地论述了中国革命发展道路的理论。

工农武装割据的思想

毛泽东在阐述了红色政权为什么能够存在和发展的原因及条件的基础上，还提出了“工农武装割据”的思想，这就是在中国共产党的领导下，以土地革命为中心内容，以武装斗争为主要形式，以农村革命根据地为战略基地的三者密切结合的红色政权建设的思想。

土地革命是“工农武装割据”的中心内容，也是中国新民主主义革命的基本内容。农民是中国革命的主力军，只有广泛深入地开展土地革命，解决农民的土地问题，才有可能把广大农民发动起来，从根本上摧垮反动统治的基础，才能使自己在农村获得坚实的群众基础。没有土地革命，农民就不会支持这个根据地政权，也不愿加入红军。因此，红军和革命根据地推进到哪里，中国共产党就在哪里发动农民，开展土地革命。

武装斗争是“工农武装割据”的基本前提，也是中国革命的主要斗争形式。所谓割据，必须是武装的，以武装的革命反对武装的反革命。没有武装斗争，没有强大的红军和红军战争的胜利，土地革命和革命根据地就失去了保障，就不可能造成割据的态势。土地革命时期敌人曾向革命根据地发起过许多次“围剿”，中国共产党硬是凭借手中的枪杆子，打退了敌人一次又一次的进攻，保卫和发展了根据地。

农村革命根据地是“工农武装割据”的依托，也是中国革命的战争基地。没有根据地，土地革命就没有根基，武装斗争就会失去依托，成为流寇主义。革命有了根据地，才能够恢复元气，补充力量，去继续战斗，扩大发展，走向最后的胜利。只有把农村根据地建设成为巩固的阵地，才有可能与占领中心城市的强大敌人作长期的艰苦的斗争。

红色政权的阐述和“工农武装割据”的思想，是农村包围城市、武装夺取政权道路理论的重要组成部分。虽然其时还未明确提出以革命的农村去武装包围反革命统治的城市，小块革命根据地存在和发展的思考还尚未联想到夺取全国政权的问题，但是，红色政权的理论和“工农武装割据”的思想基本回答了关系着中国革命前途和命运的重大问题，提供了中国革命必须走农村包围城市道路理论的根本前提，也是中国革命道路理论的初创阶段。

二、农村包围城市、武装夺取政权理论的日趋完善

> 在历史上无论中外都找不到农村包围城市的经验。
>
> ——周恩来

1930 年 1 月，随着红军和根据地斗争经验的丰富，毛泽东不断地进行理论上新的概括和总结，把各地“工农武装割据”的发展同夺取全国革命胜利联系起来，在认识上又产生了一个飞跃。

毛泽东这时撰写的《星星之火，可以燎原》的著名通信，从理论上进一步阐明了建立和发展“工农武装割据”在中国革命中的极端重要性，明确提出了“以乡村为中心”的思想，科学地预见了红色政权的发展必然会促进全国革命高潮的到来。

这篇通信的主要内容有：

第一，毛泽东再一次强调了中国的国情和由此导致的中国革命的特殊情况。毛泽东指出：中国是一个由许多帝国主义国家互相争夺的半殖民地，红色政权不仅可以长期存在，而且还会日益发展。毛泽东旗帜鲜明地批评了党内有的同志主张离开根据地建设，四处游击，扩大政治影响，先争取群众后建立政权，进而夺取全国胜利的思想，指出：“他们这种全国范围的、包括一切地方的、先争取群众后建立政权的理论，是于中国革命的实情不适合的。他们的这种理论的来源，主要是没有把中国是一个许多帝国主义国家互相争夺的半殖民地这件事认清楚。”从而指明了在中国走城市武装起义的道路是行不通的。

第二，强调了建立和发展红色政权的必要性，指出了它对夺取全国胜利的重大意义。毛泽东认为，红军、游击队和红色区域的存在和发展，是半殖民地中国在无产阶级领导之下的农民斗争的最高形式和必然结果，并且是促进全国革命高潮的最重要因素。从而进一步将农村根据地的建设与发展和促进全国革命高潮的到来，以及夺取全国胜利联系起来。

第三，指出了发展根据地和巩固扩大红色政权的必由之路。毛泽东指出：朱德毛泽东

式、方志敏式之有根据地的，有计划地建设政权的，深入土地革命的，扩大人民武装的路线，才是发展根据地和巩固扩大红色政权的正确道路。这条道路的核心，就是坚持武装斗争、土地革命和根据地建设的三位一体，三者必须密切结合，缺一不可。

毛泽东的这些论述，进一步发展了“工农武装割据”的思想，实际上否定了照搬外国经验的“城市中心论”，形成了以乡村为中心，开展游击战争，进行土地革命，建立和发展红色政权，待条件成熟后再夺取城市、夺取全国政权的关于中国革命发展道路的理论。

1930 年 5 月，毛泽东写了《反对本本主义》一文，第一次明确地提出：“马克思主义的‘本本’是要学习的，但是必须同我国的实际情况相结合”，“中国革命斗争的胜利要靠中国同志了解中国情况”，并积极提倡“共产党人从斗争中创造新局面的思想路线”。这表明，毛泽东从思想路线的高度为开创农村包围城市的道路指明了方向，并把这一道路的理论建立在坚实的唯物主义哲学基础之上。

20 世纪 20 年代后期和 30 年代的初期，在中国共产党内盛行着一种把马克思主义教条化、把俄国革命经验神圣化的错误倾向，特别是王明的“左”倾冒险主义，顽固地坚持“城市中心论”，反对毛泽东“以乡村为中心”、农村包围城市道路的理论，排斥了毛泽东在中央革命根据地党和红军的领导职务，导致了第五次反“围剿”斗争的失败，红军被迫转移，损失严重。1935 年 1 月遵义会议的召开，结束了王明“左”倾冒险主义在党内长达四年之久的统治，确立了以毛泽东为代表的党中央的正确领导，从而使农村包围城市、武装夺取政权道路的思想在全党的贯彻有了保证。遵义会议后，农村包围城市、武装夺取政权道路成为全党的指导思想。

从 1936 年 12 月至 1939 年 12 月，毛泽东先后发表了《中国革命战争的战略问题》《论新阶段》《战争和战略问题》《中国革命和中国共产党》《〈共产党人〉发刊词》等文章，进一步从理论上系统地论述了农村包围城市、武装夺取全国政权的必要性与可能性，标志着农村包围城市道路理论的再升华，形成了严整而完善的理论形态，成为全党的共识。

在上述著作中，毛泽东根据以往斗争实践的经验，从新的角度，再次系统地论述了农村包围城市道路的理论。第一，半殖民地半封建的中国不同于资本主义国家，在其内部没有民主制度，无议会可以利用，无组织工人举行罢工的合法权利，因此，共产党的任务，基本地不是经过长期合法斗争以进入起义和战争，也不是先占城市后取农村，而是走相反的道路。第二，根据中国在较长时期内敌强我弱的特点，把游击战提高到战略地位。指出，在中国，武装斗争的总概念，在目前就是游击战争。第三，明确提出统一战线、武装斗争、党的建设是中国共产党在中国革命中战胜敌人的三个法宝，并且阐明了三者之间的相互关系。第四，根据中国敌人总是长期占据中国中心城市的特点，提出，必须把落后的农村造成先进的巩固的根据地，造成军事上、政治上、经济上、文化上的伟大的革命阵地，借以反对利用城市进攻农村区域的凶恶敌人，借以在长期战斗中逐步地争取革命的全部胜利。第五，指出根据地农村的武装斗争还要同其他各种必要的斗争形式相配合，没有城市工作和其他农村工作，农村根据地就处于孤立，革命就会失败。而且革命的最后目的，是夺取作为敌人主要根据地的城市，没有充分的城市工作，就不能达此目的。毛泽东这些新的论述，使农村包围城市道路的理论更加完善了。

第三节 农村包围城市、武装夺取政权战略目标的实现

一、农村包围城市、武装夺取政权战略目标的发展与实现

> 从一九二七年到现在，我们的工作重点是在乡村，在乡村聚集力量，用乡村包围城市，然后取得城市。
>
> ——毛泽东

在农村包围城市道路的理论指引下，中国共产党为实现农村包围城市、武装夺取政权的战略目标，进行了艰苦卓绝的奋斗，尤其经过十四年抗日战争，党领导的人民军队发展到 100 万人，民兵发展到 200 多万，抗日根据地发展到 19 块，总面积达 200 多万平方公里，人口 1 亿以上。华北、华中地区的广大乡村控制在抗日根据地军民的手中，日本侵略军只能龟缩在城市据点和交通沿线，真正实现了农村包围城市的战略态势，为夺取抗日战争的胜利奠定了坚实的基础。

农村包围城市、武装夺取政权的战略目标，是在抗日战争胜利的基础上，经过人民解放战争得以完全实现的。抗日战争胜利后，蒋介石在美帝国主义的支持下，坚持内战、独裁、卖国政策，抢占胜利果实，迅速占领了许多大城市。据此，党中央制定了“向北发展，向南防御”的战略决策，让出了南方八个省解放区，将兵力集中在华北和华中，同时及时地派出十万军队和大批干部进入东北，采取“让开大路，占领两厢”的策略，向广大农村进军，发动群众，进行土地改革，建立巩固的东北根据地。这一决策的实施，是农村包围城市理论在新的历史时期的运用和发展。全面内战爆发后，解放区军民按照中共中央和毛泽东的指示，实行以歼灭敌人的有生力量为主要目标、不与敌人争一城一地得失的方针，虽然放弃了一些从日伪军手中夺来的城市和地区，却大量地歼灭了国民党的有生力量。仅仅在解放战争第一年，人民解放军就消灭敌人 100 多万，迫使国民党军队放弃“全面进攻”。1947 年 8 月至 9 月，刘伯承和邓小平、陈赓和谢富治、陈毅和粟裕指挥的三支野战军先后挺进中原，将敌人战略后方变成大量歼敌的主战场。三路大军密切协同，外线进攻和内线反攻相互配合，在敌人的腹 地建立根据地，直接威胁到敌人统治的中心城市，彻底打乱了敌人的战略部署，形成了人民解放军全国规模的战略进攻。

解放战争的战略进攻阶段，是中国共产党实行农村包围城市、武装夺取政权最成功最辉煌的时期。为了夺取城市，人民解放军在中共中央和毛泽东的部署下，首先夺取敌人占领的小城市，接着夺取敌人占领的中等城市，最后夺取敌人占领的大城市。在夺取城市中，人民解放军创造了天津式、北平式和绥远式三种作战方式，即武装夺取、和平解放和等待改编，进一步丰富和发展了农村包围城市道路的理论，到 1949 年 3 月，人民解放军

取得了济南、辽沈、淮海、平津等重大战役的胜利，夺取了济南、长春、北平、天津、徐州等大城市，解放了长江以北广大地区，国民党赖以发动内战的力量损失殆尽。这时，毛泽东在中共七届二中全会上指出：“从一九二七年到现在，我们的工作重点是在乡村，在乡村聚集力量，用乡村包围城市，然后取得城市。采取这样一种工作方式的时期现在已经完结。从现在起，开始了由城市到乡村并由城市领导乡村的时期。党的工作重心由乡村移到了城市。”当然，城乡必须兼顾，决不可以丢掉乡村，仅顾城市。同年 4 月，人民解放军横渡长江，占领南京、上海等大城市，到 1949 年底，人民解放军已夺取城市2 014座，占全国城市总数的98.1%。至此，标志着农村包围城市、武装夺取政权的战略目标最终实现，标志着农村包围城市、武装夺取政权的理论最终获得了成功。

二、农村包围城市道路理论的伟大意义

> 过去搞民主革命，要适合中国情况，走毛泽东同志开辟的农村包围城市的道路。现在搞建设，也要适合中国情况，走出一条中国式的现代化道路。
>
> ——邓小平

农村包围城市、武装夺取政权道路的理论，具有伟大而深远的意义：第一，农村包围城市的革命发展道路，是中国革命唯一正确的道路。历史证明：这条道路是中国共产党人经过二十多年的流血牺牲，历经千辛万苦探索出来的，是符合中国国情的正确革命道路。只有沿着这条道路前进，革命才能顺利地发展；如果背离了这条道路，中国革命就遭挫折或失败。第二，农村包围城市革命发展道路的理论，是以毛泽东为代表的中国共产党人，坚持实事求是的原则，一切从实际出发，把马克思主义原理同中国革命实践相结合的产物，是马克思主义中国化的重要成果。第三，这条农村包围城市、武装夺取政权道路的理论的产生、发展和完善，对马克思主义理论宝库做出了独创性的贡献，为殖民地半殖民地国家的人民进行革命夺取政权树立了榜样。第四，这条革命发展道路的理论及其实现，自始至终贯穿的基本思想就是马克思主义原理同中国革命实践相结合，走自己的路，对于中国进行社会主义建设具有启迪意义。

本章复习要点

1. 中国革命的基本问题是农民问题，农民是无产阶级最可靠的同盟军，中国革命实质上是无产阶级领导下的农民战争。农民占中国人口的大多数，是中国革命的主力军，是中国革命军队的主要来源，农村是中国革命走向胜利的主要战略基地。要发动农民，就必须解决农民的土地问题，土地革命是中国革命的中心内容。

2. 农村包围城市、武装夺取政权道路的理论，是马列主义原理同中国革命实际相结合的产物，是中国共产党集体智慧的结晶，而毛泽东则是创造这一理论的杰出代表。1928 年到 1939 年间，他撰写的《中国的红色政权为什么能够存在?》《星星之火，可以燎原》等著作，深刻阐述了“以乡村为中心”“工农武装割据”的思想，开始形成了农村包围城市道路的理论。1936 年到 1939 年间，他又发表了《中国革命战争的战略问题》、《〈共产党人〉发刊词》等文章，标志着这一理论形成完备的理论形态。

3. 农村包围城市的革命发展道路，是中国革命唯一正确的革命道路。这一道路的理论是马克思主义原理同中国革命实际相结合的产物，是马克思主义中国化的主要成果，是对马克思主义理论宝库的独创性贡献，为殖民地半殖民地国家的人民进行革命夺取政权树立了榜样，对中国进行社会主义建设有启迪意义。

思考题

1. 为什么说农民问题是中国革命的基本问题？
2. 中国红色政权存在与发展的原因和条件是什么？
3. 农村包围城市、武装夺取政权道路理论的主要内容和伟大意义是什么？

第四章

新民主主义革命的基本经验

毛泽东于 1939 年 10 月，为党内刊物《共产党人》写了一篇著名的发刊词。他在这篇文章中回顾了中国共产党走过的 18 年革命历程，提出了中国革命克敌制胜的法宝的著名论断，他说："十八年的经验，已使我们懂得：统一战线，武装斗争，党的建设，是中国共产党在中国革命中战胜敌人的三个法宝，三个主要的法宝。"以毛泽东为代表的中国共产党人在革命实践中依靠这"三个法宝"，建设起真正的马克思列宁主义的无产阶级政党，调动起浩浩荡荡的革命大军，领导了波澜壮阔、威武雄壮的武装斗争，终于推翻了帝国主义、封建主义和官僚资本主义在中国的统治，取得了中国革命的彻底胜利。"三个法宝"是中国共产党的伟大创造，是新民主主义革命的基本历史经验。

第一节 统一战线

一、建立广泛的革命统一战线的必要性和可能性

> 中国新民主主义的革命要胜利，没有一个包括全民族绝大多数人口的最广泛的统一战线，是不可能的。
>
> ——毛泽东

建立广泛的革命统一战线的必要性

无产阶级在领导革命过程中，必须团结一切可以团结的力量，争取一切可能争取的同盟者，建立广泛的革命统一战线，集中力量反对最主要的敌人，从而夺取革命胜利。这是马克思列宁主义革命策略的一个重要原则，是无产阶级政党克敌制胜的一条基本策略路线。

马克思、恩格斯在《共产党宣言》中指出："共产党人到处都支持一切反对现存的社会制度和政治制度的革命运动。"在这篇著作中，马克思、恩格斯阐述了无产阶级自身团结统一、努力与其他进步阶级和社会力量结成联盟以及在联合其他阶级、政党时必须保持自己的独立性等问题，为无产阶级政党的统一战线的战略策略奠定了理论基础。

列宁在领导俄国无产阶级革命的实践中，丰富和发展了马克思、恩格斯的统一战线思想。列宁认为，无产阶级要战胜强大的敌人，需要联合广大的同盟军，必须仔细、极留心、极谨慎、极巧妙地一方面利用敌人之间的一切"裂痕"，哪怕是最小的"裂痕"，利用各国资产阶级之间以及各个国家内资产阶级各个集团或各种类别之间利益上的一切对立；另一方面要利用一切机会，哪怕是极小的机会，来获得大量的同盟者，尽管这些同盟者可能是暂时的、动摇的、不稳定的、不可靠的、有条件的。列宁解决了工农联盟的问题，并且明确提出只有实行发达国家的无产阶级与被压迫民族的联合，才能战胜帝国主义，社会主义革命才能成功。

以毛泽东为代表的中国共产党人，从中国的国情出发，把马克思列宁主义普遍真理同中国革命的实际情况相结合，创造性地运用和发展了马克思主义统一战线的策略思想，把统一战线看做中国革命的基本问题，是战胜敌人的基本武器和法宝。

中国无产阶级之所以必须建立最广泛的革命统一战线，是由中国社会和中国革命的实际情况所决定的：

第一，中国工人阶级虽然是中国革命中最先进的力量，但是人数很少。中国社会是一个两头小中间大的社会，无产阶级和地主、大资产阶级都只占少数，最广大的人民是农民、城市小资产阶级以及其他的中间阶级。中国的无产阶级尽管革命性很强，是一个最有觉悟，最有组织性、纪律性的阶级，但它的人数在全国人口中所占比重不到1%，力量比

较弱。在这样的情况下，中国无产阶级应该懂得：如果单凭自己一个阶级的力量，是不能胜利的。而要胜利，他们就必须在各种不同的情形下团结一切可能的革命的阶级和阶层，组织革命的统一战线。

第二，中国革命面临的反革命势力异常强大。中国革命的敌人不但有强大的帝国主义，强大的封建势力，而且在一定时期内还有勾结帝国主义和封建势力、与人民为敌的大资产阶级的反动派。这就导致了中国革命的长期性和残酷性，这就决定了无产阶级领导的民主革命必须最大限度地争取和团结一切可能团结的力量，组成广泛的革命统一战线，只有这样才能战胜反动势力，保障和加速中国革命的胜利。

第三，由于中国社会经济政治发展不平衡导致中国革命发展的不平衡性、中国反帝反封建的革命过程的艰难曲折长期性，决定了无产阶级政党必须采取广泛的统一战线的策略，利用一切可以利用的矛盾，努力争取一切可以争取的力量，以便在长期斗争中逐步壮大自己，削弱敌人，改变敌我力量对比，使革命力量最终压倒反革命力量，从而争取革命的彻底胜利。

建立广泛的革命统一战线的可能性

中国无产阶级及其政党领导建立广泛的统一战线，不仅是十分必要的，而且是完全可能的：

第一，中国社会错综复杂的矛盾和政治局面，提供了利用矛盾建立和发展统一战线的可能性。半殖民地半封建的中国社会，各种矛盾错综复杂。在内部，既有地主阶级与农民阶级的矛盾，又有无产阶级与资产阶级的矛盾，还有资产阶级与封建阶级的矛盾；在外部，既有帝国主义与中华民族的矛盾，又有帝国主义之间在瓜分中国中的矛盾。中国统治阶级四分五裂，各种政治派别明争暗斗。这些错综复杂的矛盾，在不同的历史时期和不同的问题上，又不断发生变化。这种极端复杂的政治局面，为共产党提供了利用矛盾建立和发展统一战线的可能性。

第二，中国社会最主要的矛盾决定了无产阶级及其政党可以结成最广泛的统一战线。在半殖民地半封建的中国，广大人民群众长期处于帝国主义侵略和封建主义压迫的深重灾难之中。帝国主义列强野蛮侵略、疯狂掠夺中国财富、奴役中国人民，使中国面临严重的民族危机，帝国主义与中华民族的矛盾是中国社会最主要的矛盾。这一历史条件决定了无产阶级可以把一切爱国的、不甘心受帝国主义奴役的人们团结在自己的周围，结成包括中华民族绝大多数人口在内的最广泛的统一战线。

第三，中国社会各阶级、阶层的实际状况，决定了可以建立和发展革命统一战线。中国的工人、农民和城市小资产阶级不仅占了人口的大多数，而且革命要求强烈，是统一战线的左翼集团，是共产党的依靠力量。中国的民族资产阶级是一个既有革命要求又有动摇性的带有两重性的阶级，他们是统一战线中的中间集团，是共产党应当努力争取的力量。中国的带买办性的大资产阶级历来都是革命的对象，但是，由于他们的各个集团是以不同的帝国主义国家为背景的，在各个帝国主义国家之间的矛盾尖锐化的时候，在革命的锋芒主要是对着某一个帝国主义国家的时候，属于别的帝国主义国家系统的大资产阶级集团有可能在一定程度上和一定时期内参加反对某一个帝国主义国家的斗争，在这种情况下，无产阶级及其政党为了削弱敌人，补充自己的后备力量，可以同这样的大资产阶级集团建立统一战线，使他们成为共产党暂时的同盟者。

二、统一战线的理论和政策

统一战线政策，既不是一切联合否认斗争，又不是一切斗争否认联合，而是综合联合和斗争两方面的政策。

——毛泽东

统一战线中的两个联盟

以毛泽东为代表的中国共产党人认为，无产阶级领导的中国革命统一战线包括两个联盟，一个是劳动者之间的联盟，即无产阶级同农民、城市小资产阶级及其他劳动人民的联盟；另一个是劳动者与非劳动者之间的联盟，即无产阶级同资产阶级及其他非劳动者的联盟。在这两个联盟中，前者是在阶级利益根本一致基础上的劳动阶级的联盟，是被压迫者反抗共同敌人的革命联盟，是新民主主义统一战线的主体；后者是被剥削者与剥削者之间的联盟，是阶级利益互相冲突的阶级间的联盟。

在统一战线的两个联盟中，第一个联盟即以工农联盟为主体的工人阶级同其他劳动者的联盟是基本的、主要的。参加这个联盟的属于进步势力的阶级、阶层和集团，人数上占绝对优势，政治上具有极强的革命性，是统一战线的基础。只有首先巩固和发展这个联盟，统一战线才能够真正坚强有力，才能够推动其他中间阶级、阶层、集团参加革命和参加统一战线，最终孤立、分化、瓦解直至消灭敌人。第二个联盟主要是指无产阶级同民族资产阶级的联盟，也包括特定历史条件下无产阶级和一部分地主阶级、带买办性的大资产阶级的联盟。这也是非常重要和不可缺少的联盟。建立和扩大这个联盟，无产阶级就可以最大限度地壮大自己，孤立当前最主要的敌人。

共产党要正确地领导革命统一战线，就必须正确地处理两个联盟的关系，就必须做到：第一，放手发展和加强工农联盟，使它真正成为统一战线的基础和依靠，这是实现无产阶级对统一战线的领导权的关键，无产阶级只有同农民结成巩固的革命联盟，才有力量建立起广泛的革命统一战线，从而使自己成为名副其实的领导阶级。第二，尽可能扩大第二个联盟，团结一切可以团结的力量。第三，正确地发挥两个联盟之间的相互作用，使它们互相促进。

坚持和发展统一战线的基本方针原则

以毛泽东为代表的中国共产党人，极为重视对统一战线的基本方针、政策原则的探索和研究，在长期的革命实践中，形成和实行了一系列重要的策略方针和策略原则，使统一战线这一有效武器得到了成功的运用。这些方针和原则主要有：

第一，独立自主的原则。所谓独立自主，就是指在统一战线中，无产阶级及其政党必须保持思想上、政治上和组织上的独立性。正确理解这个原则，应包含两方面的含义：一方面，要讲统一性，要遵守参加统一战线的各方都同意的原则和条件；另一方面，要讲独立性，要有自己独立的政策、独立的思想。毛泽东曾强调指出：不是因合作和统一而牺牲党派和阶级的必要权利，而是相反，坚持党派和阶级的一定限度的权利，这才有利于合作，也才有所谓合作。否则就是将合作变成了混一，必然牺牲统一战线。无产阶级及其政党只有坚持独立自主的原则，保持在思想上、政治上、组织上的独立性，才能及时提出和贯彻正确的路线、方针、政策，实现自己在统一战线中的领导权，完成自己的历史使命。

第二，具体分析、区别对待，利用矛盾、团结多数的原则。中国共产党在研究和制定统一战线的策略方针和策略原则时，总是坚持阶级分析的方法，对统一战线的阶级构成以及各阶级、阶层对革命的态度进行科学分析，在科学分析的基础上，区别对待。

统一战线的根本目的就是要团结尽可能多的社会力量，最大限度地孤立主要的敌人。这就要善于利用敌人内部的矛盾，在敌人营垒中找朋友，壮大自己的力量，并应随时根据变化的形势和情况，争取和团结大多数，完成新的革命任务。

第三，原则的坚定性和策略的灵活性相结合的原则。毛泽东指出：我们的原则性必须是坚定的，我们也要有为了实现原则性的一切许可的和必需的灵活性。在统一战线问题上，无产阶级及其政党必须保持自己的独立性，即坚持独立自主的原则，坚决反对“一切经过统一战线、一切服从统一战线”，这就是原则性，否则就是投降主义。但是，原则性必须和灵活性结合起来，灵活机动地运用各种斗争形式，及时地改变自己的策略，善于与同盟者达成必要的妥协。这就是灵活性，否则就没有统一战线，就是关门主义和冒险主义。

三、建立和发展统一战线的历史经验

政策和策略是党的生命，各级领导同志务必充分注意，万万不可粗心大意。

——毛泽东

统一战线的建立和发展

中国新民主主义革命经过了大革命、土地革命战争、抗日战争和全国解放战争四个阶段，中国革命的统一战线的建立和发展在不同的历史时期和不同的革命阶段具有不同的内容和任务：

第一，大革命时期的国民革命联合战线。大革命时期的统一战线称为国民革命联合战线，是包括工人、农民、城市小资产阶级、民族资产阶级的反帝反北洋军阀的革命统一战线。共产党员以个人身份加入了国民党，共产党同国民党实行了党内合作，同时保持共产党在政治上、思想上、组织上的独立性。

第二，土地革命战争时期的工农民主统一战线。由于 1927 年国民党右派集团的叛变以及民族资产阶级暂时附和了反革命，使得革命营垒中原有的四个阶级只剩下了工人、农民和城市小资产阶级这三个阶级。所以，土地革命战争时期的统一战线基本上是这三个阶级联合起来以反对封建压迫和国民党独裁统治为主要目标的工农民主统一战线。以毛泽东为代表的中国共产党人真正认识到了农民问题的极端重要性，使中国革命统一战线从此开始建立在牢固的工农联盟的基础上。中国共产党领导了土地革命，开辟了农村包围城市、武装夺取政权的正确道路，推动中国革命走上了复兴之路。

第三，抗日战争时期的抗日民族统一战线。抗日战争时期，中国的各个阶级、阶层和政治集团都面临着生死存亡的问题，因而抗日民族统一战线不仅包括工人、农民、城市小资产阶级、民族资产阶级，而且也包括中小地主，还包括大地主大资产阶级的当权派国民党蒋介石集团，这是全民族的反对日本侵略者的统一战线。

第四，解放战争时期的人民民主统一战线。抗日战争胜利后，国共两党本应继续合作下去，为建设新中国而共同奋斗。但是，蒋介石集团坚持独裁立场，悍然发动反革命内战。为了打败蒋介石，建立新中国，中国共产党领导建立起了包括工人、农民、城市小资产阶级、民族资产阶级、开明绅士、其他爱国民主人士、少数民族和海外侨胞在内的反对美蒋反动派的广泛的人民民主统一战线。这个统一战线以多党派合作为主要内容，以推翻美蒋反动政权为主要目标，团结了一切可以团结的力量，加速了蒋家王朝崩溃的进程，取得了解放战争的全面胜利。

统一战线的主要历史经验

统一战线是中国共产党在新民主主义革命中战胜敌人的主要法宝之一，中国共产党在运用统一战线这个武器方面的主要经验是：

第一，必须坚持统一战线中的领导权。坚持无产阶级及其政党在革命统一战线中的领导权，是马克思主义统一战线理论的一条基本原理，是毛泽东思想中统一战线理论的最重要的原理，也是中国革命统一战线的一条基本经验和一个基本特点。

统一战线中之所以要坚持中国无产阶级和中国共产党的领导权，首先，是由中国革命的性质和特点决定的。五四运动之后的中国革命是新民主主义革命，这个革命所需要的统一战线只能是无产阶级（经过共产党）领导下的革命统一战线。其次，是由中国无产阶级和中国共产党的性质决定的。中国无产阶级是中国近现代社会中最先进、最革命、最有前途的阶级，中国无产阶级领导的革命运动，是为全体劳动群众谋利益的、为全中国人民和整个中华民族求解放的运动。中国共产党是中国工人阶级的先锋队，是以马克思列宁主义为指导的革命政党，代表最大多数人民群众的利益。只有中国无产阶级通过中国共产党的领导，才能把全体劳动者和一切爱国者团结起来，组成最广泛的革命统一战线，为实现革命的纲领和任务而奋斗。最后，坚持共产党的领导，也是革命统一战线的内在要求。参加统一战线的各种力量代表着不同的阶级、阶层和社会政治集团的利益，他们之间虽有结成统一战线的共同的政治纲领或政治要求，但在其他方面，如追求的社会目标、采取的斗争方法等方面是有区别的，有的甚至具有某种对抗性。在统一战线中，无产阶级必须积极地影响和吸引其他阶级、阶层，在政治上尽可能地把同盟者提高到当时革命斗争所要求的水平，而决不可以被其他的阶级、阶层所影响，以致把自己降低到同盟者的水平。要做到这一点，就必须坚持共产党在统一战线中的领导权。

第二，必须把工农联盟作为统一战线的基础。在任何时期的中国革命统一战线中，工人和农民都是主体，工农联盟是统一战线的基础。工农联盟在统一战线中的重要地位，是由农民以及工农联盟在中国革命中的重要作用决定的。以毛泽东为代表的中国共产党人从中国主要是一个农业国，农民占人口绝大多数并在革命中起主要作用这一特殊历史条件出发，不仅把农民作为中国革命中的一支必不可少的同盟军，更将农民视为革命的主力军，是无产阶级的基本队伍。工农联盟的地位和作用如此重要，这就要求无产阶级及其政党必须积极创造条件，关心、教育农民，自觉地建立和巩固这个联盟。

第三，必须对资产阶级实行又联合又斗争的策略。所谓联合，就是同资产阶级结成统一战线。所谓斗争，就是在思想上、政治上、组织上进行"和平"的不流血的斗争，以斗争求团结。如果中国共产党不在一定时期同资产阶级联合，党就不能前进，革命就不能发展；如果中国共产党不在联合资产阶级的同时又同资产阶级进行坚决的、严肃的"和平"斗争，党在思想上、政治上、组织上就会瓦解，革命就会失败；如果中国共产党在被迫同资产阶级分裂时不同大资产阶级进行坚决的、严肃的甚至会有流血的武装斗争（如抗日战争时期击退国民党顽固派的反共高潮），同样党也就会瓦解，革命也就会失败。由于民族资产阶级没有大资产阶级那么多的对抗性和反动性，而且基本上没有掌握过政权，因此，无产阶级同民族资产阶级，主要是政治上的联合和斗争，斗争的主要手段是批评和教育。总之，在同资产阶级联合时，主要是防止右的倾向；在同资产阶级分裂时，主要是防止"左"倾错误。

第四，必须坚持"发展进步势力、争取中间势力、孤立顽固势力"的策略总方针。无产阶级及其政党，必须分清统一战线中的左、中、右三种势力，实行"发展进步势力、争取中间势力、孤立顽固势力"的策略方针。只有以工农联盟为基础，最广泛地团结一切可能团结的同盟者，最大限度地孤立和打击最主要的敌人，才能夺取中国革命的最后胜利。

第二节　武装斗争

一、武装斗争是中国革命的主要形式

> 革命的中心任务和最高形式是武装夺取政权，是战争解决问题。这个马克思列宁主义的革命原则是普遍地对的，不论在中国在外国，一概都是对的。
>
> ——毛泽东

中国革命必须以长期的武装斗争为主要形式

暴力革命是无产阶级革命的普遍规律，是马克思列宁主义的重要原理。因为国家的本质就是阶级压迫的工具，历史上所有剥削阶级都是依靠暴力维持其统治的。无数历史事实表明，反动阶级是不会自动退出历史舞台的，当他们的统治受到威胁的时候，总是首先用国家机器武力镇压革命阶级，甚至发动战争。因此，无产阶级只有进行暴力革命，才能打碎旧的国家机器，推翻剥削阶级的统治，建立起无产阶级自己的政权。反革命的暴力必须用革命的暴力来铲除，反动的国家机器必须以长期的武装斗争来摧毁，中国革命也必须以长期的武装斗争为主要形式。

毛泽东创造性地运用马克思列宁主义关于无产阶级革命的普遍原理，从理论与实践的结合上阐明了中国革命只能以长期的武装斗争为主要形式的重大问题：

第一，中国的国情决定了中国革命只能以武装斗争为主要形式。中国与资本主义国家

不同，它不是一个独立的民主的国家，而是一个半殖民地半封建的国家；在内部没有民主制度，而受封建制度压迫；在外部没有民族独立，而受帝国主义压迫。因此，无议会可以利用，无组织工人举行罢工的合法权利。这种特殊的国情决定了中国共产党，在帝国主义没有武装进攻的时候，是联合其他革命阶级进行反对封建军阀、反对买办资产阶级的国内战争；在帝国主义举行武装进攻的时候，则是联合国内一切反对外国侵略者的阶级和阶层，进行对外的民族战争。

第二，中国反动统治阶级的特点决定了中国革命只能以武装斗争为主要形式。中国的反动统治阶级不仅拥有庞大的反革命武装，同帝国主义相互勾结，对人民实行独裁恐怖统治，对中国革命实行武装镇压，而且手段极其残暴凶狠。因此，中国革命只能是武装的革命反对武装的反革命。毛泽东指出，中国由于封建的割据，地主或资产阶级的集团或政党，谁有枪谁就有势，谁枪多谁就势大。这些反动统治阶级视军权如生命，对革命实行武装镇压。因此，中国无产阶级领导的新民主主义革命必须以革命的暴力对付反革命的暴力，以革命的武装战胜反革命的武装。

第三，中国革命的武装斗争是长期的。中国革命中敌我力量对比悬殊，帝国主义和国内各派军阀之间的矛盾、国内反动集团之间的矛盾等各种矛盾错综复杂，以及中国半殖民地半封建社会政治经济发展的不平衡状态，规定了中国革命不仅要以武装斗争为主要形式，而且必须经过艰苦卓绝的、长期而曲折的过程。毛泽东同志强调指出，中国革命的“敌人是异常强大的，革命力量就非在长期间内不能聚积和锻炼成为一个足以最后地战胜敌人的力量。因为敌人对于中国革命的镇压是异常残酷的，革命力量就非磨炼和发挥自己的顽强性，不能坚持自己的阵地和夺取敌人的阵地。”中国共产党从1921年到1949年夺取政权的28年间，就有25年在战争中度过的。

中国革命的武装斗争实质上是无产阶级领导下的农民战争

中国是一个农业大国，农民占人口的绝大多数。中国革命实际上就是农民革命，中国革命的武装斗争实际上就是无产阶级领导下的农民战争。

这是因为：首先，农民是中国革命的主要力量。毛泽东说：中国的革命实质上是农民的革命，中国有百分之八十的人口是农民，因此农民问题，就成了中国革命的基本问题，农民的力量，是中国革命的主要力量。中国的农民不但深受封建势力的压榨，而且还是帝国主义的主要掠夺对象，因而，他们是中国革命的最广大的动力。

其次，农民是中国革命军队的主要来源。不同时期中国革命的人民武装力量——红军、八路军、新四军、中国人民解放军，绝大部分都是穿着军装的农民。

最后，农村是中国革命的主要战略基地。中国革命进行长期的武装斗争，主要的是在中国共产党领导之下的农民游击战争。广大农民所在的广大农村，是中国民主革命走向胜利的主要的战略基地。

武装斗争与非武装斗争要相互配合

我们强调中国革命必须以长期的武装斗争为主要形式，并不是说可以放弃或忽视其他形式的斗争。相反，中国革命如果没有武装斗争以外的各种形式的斗争相配合，中国革命就不能取得胜利。只有把武装斗争同非武装斗争形式有机地配合起来，革命才能胜利。

毛泽东十分重视武装斗争与非武装斗争的相互配合，他在《战争和战略问题》一文中指出："在中国，主要的斗争形式是战争，而主要的组织形式是军队。其他一切，例如民众的组织和民众的斗争等等，都是非常重要的，都是一定不可少，一定不可忽视，但都是为着战争的。"根据这个指导思想，中国共产党正确地把武装斗争这个主要斗争形式同其他许多的必要的斗争形式，如工人的斗争、农民的斗争、青年的斗争、妇女的斗争、政权的斗争、经济战线上的斗争、锄奸战线上的斗争、思想战线上的斗争等等斗争形式，在全国范围内或者直接地或者间接地配合起来，从而保证了革命战争的胜利。

武装斗争是中国革命的主要形式，党的工作重心必须放在农村革命根据地。但是，不是说可以放弃或者忽视在国民党统治区、敌人占领区（即"白区"）的工作。在这些地区，党的组织可以采取"隐蔽精干、积蓄力量、以待时机"的方针，利用一切可以利用的公开合法的法律、法令和在社会习惯所许可的范围，从有理、有利、有节的原则出发，稳扎稳打地开展工作，并且把公开工作和秘密工作巧妙地结合起来。这些城市工作的开展，对于革命的武装斗争起到了配合的作用，成了中国革命的第二条战线。

二、建设一支新型的人民军队

没有一个人民的军队，便没有人民的一切。

——毛泽东

武装斗争是中国革命的主要形式，要进行武装斗争，就必须有革命的武装力量。如何将一支以农民为主要成分的武装队伍，建设成为无产阶级性质的、具有严格纪律的、同人民群众密切联系的新型人民军队，成为中国共产党在中国革命中必须解决的一个重大问题。在长期的革命战争中，中国共产党人不断地在实践中总结如何建设新型人民军队的经验，毛泽东则不断将这些经验上升为理论。主要内容有：

第一，坚持中国共产党对军队的绝对领导。中国共产党对军队的绝对领导是人民军队建军的根本原则。毛泽东在人民军队建立初期就提出"支部建在连上"，开始确立党对军队的绝对领导的原则；在古田会议决议中进一步强调和发展了这一思想；抗日战争时期，在与各种错误思想的斗争中充实和完善了党对军队绝对领导原则的内容和做法；在解放战争时期乃至建国以后，一直强调和坚持中国共产党对军队的绝对领导这一根本原则。

1927年9月的"三湾改编"中，毛泽东在刚刚诞生的红军队伍里，亲自领导了在军队中建立党的各级组织的工作。支部建在连上，班排有党小组，营、团建立党委，连以上设党代表，全军由党的前敌委员会统一指挥。三湾改编开始了党对军队的绝对领导，从组织上、政治上奠定了建设新型人民军队的基础。在古田会议的决议中，毛泽东进一步阐明了军队和党的关系，指出军队必须绝对服从党的领导，必须全心全意地为着党的纲领、路线和政策而奋斗，从政治上、思想上、组织上确立了党对红军领导的原则。抗日战争时期，毛泽东总结了红军创建以来党同各种错误思想、错误倾向作斗争的历史经验，特别是反对张国焘的分裂主义和军阀主义的斗争经验，明确提出："我们的原则是党指挥枪，而决不容许枪指挥党。"

我们之所以要坚持党对军队的绝对领导，是因为：其一，人民军队必须体现和服从无产阶级和广大人民的意志，坚持党对军队的绝对领导是人民军队区别于古今中外一切剥削阶级军队的最根本的标志；其二，只有坚持党对军队的绝对领导，才能使军队不断克服各种非无产阶级思想，保持无产阶级革命性，而不至沦为旧式农民武装；其三，只有坚持党对军队的绝对领导，才能保持和发扬红军的光荣传统，使军队在十分困难和极端艰苦的条件下，充分发扬革命英雄主义精神，坚决执行革命政治任务，忠实贯彻党的路线、方针和政策，实现全心全意为人民服务的宗旨。

党对军队的领导是通过思想领导、政治领导和组织领导来实现的。思想领导是对军队进行人民军队性质和宗旨的教育，用革命的思想尤其是马克思主义思想武装广大指战员。政治领导，就是党对军队实施路线、方针、政策的领导，军队必须同党中央保持高度一致，模范地完成党在各个时期的任务。党的组织领导是在军内建立党的组织，发挥党组织领导作用。

以毛泽东为首的党中央为我军建立了完善的党的组织体系：一是建立党中央统一领导下的中央军事委员会对全军领导的最高组织层次。二是在军队中建立各级党的组织。连队建立党支部，营以上建立党委，实现党委、党支部领导制度，发挥各级党委的核心领导作用和党支部的战斗堡垒作用。三是建立各级党代表制度，连设政治指导员，营设政治教导员，团以上单位设政治委员，主要负责党的各级政治工作，并在团以上单位建立政治机关，作为党在军队工作的专门机构。党的组织、党的代表和政治机关，这三种形式同军事组织相适应，构成了军队中党的领导的完整系统，起着对党的领导共同负责的作用。我军还确定了党委统一集体领导下的首长分工负责的组织领导体制。

第二，坚定人民军队的性质、宗旨和任务。人民军队是一支新型的军队，它区别于一切中外的旧式军队，具有自己独特的性质、鲜明的宗旨和伟大的任务。

全心全意为人民服务是新型人民军队的唯一宗旨。早在秋收起义时，毛泽东就明确指出，我们是工农群众的武装，要为工农群众打仗。毛泽东起草的古田会议决议中强调，红军是一个执行革命的政治任务的武装集团。这个军队必须是服从于无产阶级思想领导，服从于人民革命斗争和根据地建设的工具。必须树立为人民打仗、为人民建立革命政权的无产阶级思想。在党的七大政治报告中，毛泽东对我军的宗旨作了明确的阐述："紧紧地和中国人民站在一起，全心全意地为中国人民服务，就是这个军队的唯一的宗旨。"

毛泽东为我军规定的三大任务是：战斗队、工作队和生产队。战斗队是三大任务中的根本任务。在不妨碍作战任务的前提下，可以同时是工作队或者生产队。工作队是宣传群众、组织群众、武装群众。生产队是自己动手，进行生产，战胜困难，达到丰衣足食。由一支军队担负三大任务，这在世界军队发展史上是罕见的。

第三，坚持人民军队的政治工作基本原则。政治工作是人民军队建设的生命线，政治工作的任务是团结我军、团结友军、团结人民、瓦解敌军和保证战斗胜利。毛泽东在人民军队建设的实践中制定了正确的、行之有效的政治工作基本原则、政治生活的民主制度以及人民军队的组织纪律。

毛泽东将人民军队的政治工作基本原则概括为三大原则。其一，官兵一致的原则。这就是在军队中肃清封建主义，废除打骂制度，建立自觉纪律，实行同甘共苦的生活，因此全军是团结一致的。其二，军民一致的原则。这就是秋毫无犯的民众纪律，宣传、组织和武装民众，减轻民众的经济负担，打击危害军民的汉奸卖国贼，因此军民团结一致，到处得到人民的欢迎。其三，瓦解敌军和宽待俘虏的原则。我们的胜利不但是依靠我军的作战，而且依靠敌军的瓦解。“官兵一致、军民一致、瓦解敌军”的三大原则有力地保证了我军内部和外部的团结，在争取人民民主和民族解放的革命斗争中发挥了巨大作用。

毛泽东把人民军队的民主制度概括为政治民主、经济民主、军事民主。政治民主，就是不论职务高低，官兵在政治上一律平等；经济民主，就是经济公开，士兵参与经济管理；军事民主，就是在训练中官兵互教互学，战时发动士兵讨论作战计划。政治民主使官兵关系得到明显改善；经济民主使全军上下同甘共苦，团结一致；军事民主使上级的命令和指示变成了士兵的决心和力量，调动了士兵的积极性，集中了广大士兵的智慧。“三大民主”充分体现了人民军队的本质，有效地提高了部队战斗力。

人民军队要保持高度的集中统一，完成党和人民赋予的一切任务，坚持为人民服务的宗旨，就必须有高度严明的纪律。毛泽东在领导创建人民军队的过程中，历来注重加强军队的纪律建设。在不同的历史时期，都为人民军队制定了严明的纪律。人民军队严明的纪律是执行正确路线、取得革命胜利的可靠保证。

红军初建，就提出了三大纪律：(1) 行动听指挥；(2) 不拿工人农民一点东西；(3) 打土豪要归公。1928年初，毛泽东根据人民群众对部队的反映，为工农红军规定了六项注意。以后，又根据斗争的需要和群众的反映，对三大纪律、六项注意作了修订和补充。在解放战争时期，根据人民解放战争迅猛发展的情况，毛泽东提出，军队向前进，生产长一寸，加强纪律性，革命无不胜。他亲自起草了《中国人民解放军总部关于重新颁布三大纪律八项注意的训令》，对三大纪律八项注意的内容作了统一规定。三大纪律是：(1) 一切行动听指挥；(2) 不拿群众一针一线；(3) 一切缴获要归公。八项注意是：(1) 说话和气；(2) 买卖公平；(3) 借东西要还；(4) 损坏东西要赔；(5) 不打人骂人；(6) 不损坏庄稼；(7) 不调戏妇女；(8) 不虐待俘虏。

全心全意为人民服务的宗旨，无产阶级政党对军队的绝对领导，严明的纪律，民主制度和政治工作原则及三大任务，充分反映了新型人民军队的无产阶级性质，既是我军区别于一切旧式军队的显著标志，又是我军的光荣传统和优良作风。

三、人民战争思想及战略战术原则

> 革命战争是群众的战争，只有动员群众才能进行战争，只有依靠群众才能进行战争。
>
> ——毛泽东

在中国革命长期的战争实践中，毛泽东把马克思列宁主义关于人民群众创造历史的原理运用到军事领域，创造性地提出了在中国共产党的领导下，以人民军队为骨干，依靠人民群众，建立农村革命根据地，进行人民战争的思想以及相应的战略战术。

实行人民战争路线

人民战争是弱小民族战胜强大民族，不够强大的军队战胜比较强大的军队的最好方法。半殖民地半封建国家的人民进行革命，要战胜强大的敌人，只有开展人民战争，实行人民战争路线，除此别无他途。其主要内容有：

第一，人民战争必须紧密依靠人民群众。毛泽东认为，“兵民是胜利之本”，“战争的伟力之最深厚的根源，存在于民众之中”。中国共产党领导的人民革命战争，“是群众的战争，只有动员群众才能进行战争，只有依靠群众才能进行战争”，决定战争胜负的诸多因素中，人心向背是决定性的因素。当广大士兵和人民群众为自身的解放而战，为自己的经济利益和政治地位而战时，其力量是无坚不摧、无往不胜的。

第二，人民战争必须以农村革命根据地为战略基地。中国革命战争是以农民为主体、广大人民群众参加的人民战争，因此，进行人民战争必须以农村革命根据地为依托。只有建立巩固的农村革命根据地，才能为人民战争提供必要的人力、物力资源，才能为革命军队提供休整、补充和训练的场所。这样，人民军队就能坚持长期的战争，保存自己，发展自己，夺取人民战争的最后胜利。

第三，人民战争必须实行“三结合”的武装力量体制。实行正规军、地方军与民兵三结合的武装力量体制，是毛泽东人民战争思想的一个重要部分。“三结合”的武装力量体制是指：主力兵团和地方兵团的结合，正规军和游击队、民兵的结合，武装群众和非武装群众的结合。

第四，人民战争必须灵活运用“三种基本作战形式”。游击战、运动战、阵地战是中国革命战争的三种基本作战形式，不同的阶段侧重点不同。在土地革命战争的前期，人民军队的作战形式主要是游击战，后期则主要是运动战；在抗日战争时期的防御与相持阶段主要是游击战，后期主要是运动战；在解放战争时期主要是运动战、阵地战。

人民军队的战略战术

要取得人民战争的胜利，就必须制定和执行正确的战略战术原则。毛泽东运用唯物辩证法和历史唯物主义观点，观察分析敌我力量对比、战争战斗发展状况，为人民军队总结制定出许多十分宝贵的、克敌制胜的人民战争的战略战术。其主要内容有：

第一，战略上藐视敌人、战术上重视敌人的方针。毛泽东说，“在战略上我们要藐视敌人，在战术上我们要重视敌人。”还说，“我们的战略是‘以一当十’，我们的战术是‘以十当一’”。战略上要藐视敌人是指在整体上藐视敌人，从本质和长期上看，帝国主义和一切反动派都是纸老虎，革命人民要有敢于斗争和敢于胜利的思想。在战术上重视敌人，是指在具体问题上一定要重视敌人，充分认识帝国主义和一切反动派又是活的铁的真的老虎，它们会成百万成千万地吃人，革命人民要树立善于斗争和善于胜利的思想。只有战略上藐视敌人，才不被敌人的虎视眈眈所吓倒，树立革命必胜的信念；只有战术上重视敌人，才不至于麻痹轻敌、错失良机，才能取得战斗的胜利。

第二，积极防御的战略方针。毛泽东认为战略防御有积极防御和消极防御，我们应该承认积极防御，反对消极防御。积极防御是为了反攻和进攻的防御。积极防御在作战指导上突出的特点是：战略上的防御和战役战斗上的进攻，避实击虚，各个击破。把保存自己和消灭敌人、防御和进攻、战略目的和战术手段等辩证地统一起来。

第三，集中优势兵力打歼灭战的方法。毛泽东历来强调在敌强我弱的条件下，必须采用集中优势兵力、各个歼灭敌人的作战方法。在中央革命根据地，他和朱德一起采用这一方法，指挥第一方面军以4万人左右的兵力，粉碎了蒋介石发动的三次“围剿”。在土地战争时期，中国红军以弱小者的姿态出现于内战的战场，其迭挫强敌震惊世界的成绩，依赖于兵力集中使用者甚大。解放战争时期，毛泽东制定了打败蒋介石进攻的军事原则是：集中优势兵力打运动战，各个歼灭敌人，以歼灭敌人有生力量为主要目标，而不以保守或夺取地方为主要目标。人民解放军就是使用这一方法，粉碎了蒋介石的全面进攻和重点进攻。

第四，战略进攻和战略决战的思想。战略进攻是为达到战争目的而对战略防御之敌实施的全面性进攻，或为达到战略目的而在一定方向和地区实施的进攻，它是消灭敌人和夺取或收复领土的主要手段。战略决战是战争中最富决战性质的行动，它的成败直接决定着战争的结局。毛泽东说，战略进攻是敌取守势我取攻势时的战略形势和战略方针。我军的战略进攻是从战略防御发展而来的。

第五，十大军事原则。毛泽东于1947年12月提出的十大军事原则，系统地阐述了我军作战的指导思想、主要目标、基本战法、作战形式、战斗作风和战斗保障等一系列原则。在十大军事原则的指导下我军积极、慎重、周密地转入了战略决战，并最终取得了中国民主革命战争的最后胜利。

十大军事原则的基本内容是：(1) 先打分散和孤立之敌，后打集中和强大之敌。(2) 先取小城市、中等城市和广大乡村，后取大城市。(3) 以歼灭敌人有生力量为主要目标，不以保守或夺取城市和地方为主要目标。(4) 每战集中绝对优势兵力，四面包围敌人，力求全歼，不使漏网。(5) 不打无准备之仗，不打无把握之仗。(6) 发扬勇敢战斗、不怕牺牲、不怕疲劳和连续作战的作风。(7) 力求在运动中歼灭敌人。同时，注意阵地攻击战术，夺取敌人的据点和城市。(8) 在攻城问题上，坚持夺取敌人守备薄弱的据点和城市，相机夺取敌人中等守备程度而环境又许可加以夺取的据点和城市，等候时机成熟再夺取敌人守备强固的据点和城市。(9) 以俘虏敌人的全部武器和大部人员补充自己。(10) 善于利用两个战役之间的间隙，休息和整训部队。

第三节　党的建设

一、党的建设是一项伟大的工程

建设一个全国范围的、广大群众性的、思想上政治上组织上完全巩固的布尔什维克化的中国共产党。为了中国革命的胜利，迫切地需要建设这样一个党……这件伟大的工程也正在进行之中。

——毛泽东

中国共产党是在20世纪20年代初期，中国工人运动与马克思列宁主义相结合的基础上产生的。它的产生，是近代中国政治经济发展的必然结果，也是中国革命运动发展的必然结果。由于国际国内形势复杂、革命斗争历程艰难曲折、各种非无产阶级思想的影响干扰，党的建设无疑是一项伟大的艰难的系统工程。

党的自身建设的有利条件

第一，党具有一个好的阶级基础。近代中国是半殖民地半封建社会，中国工人阶级受帝国主义、封建主义、资本主义三重压迫，不存在欧洲那样的工人贵族阶层，除极少数工贼外，整个阶级都具有坚决的革命性，中国共产党没有产生改良主义的社会基础。第二，党具有一个好的思想基础。中国共产党所接受的是马克思主义的完整的科学世界观和社会革命论。是在十月革命的影响下接受的、没有被修正主义者所歪曲和阉割的、发展了的马克思主义，即列宁主义，是与形形色色的资产阶级、小资产阶级社会主义流派划清了原则界限的科学社会主义。第三，党有一个完整的建党学说。中国共产党是以俄国布尔什维克为榜样和按照列宁的建党原则建立起来的，党从一开始就坚持了列宁的建党原则，以毛泽东为代表的中国共产党人把马克思列宁主义建党理论同中国具体实际相结合，在长期的革命斗争中建立了完整的建党学说。

所以，中国共产党从一开始就是一个新型的无产阶级革命政党，中国共产党的这些特点，是加强党的自身建设的有利条件。

党进行自身建设的特殊困难

党进行自身建设存在着特殊的困难。第一，小资产阶级思想影响比较严重。近代中国是一个半殖民地半封建社会，是小资产阶级的汪洋大海，中国共产党处于小资产阶级的包围之中，农民和小资产阶级出身的革命分子参加党，这是革命发展所必需的。但是，大批的小资产阶级革命分子入党，造成了在党内小资产阶级出身的分子占绝大多数的情况。并且即使是工人出身的党员，在中国的经济条件下，也容易染有小资产阶级的色彩，因此，小资产阶级思想在党内的影响比较严重。第二，党的理论准备不足。由于党在诞生之时，马克思主义传入中国的时间还很短，由于党成立后立即加入革命斗争中、无暇从事理论研究与斗争经验的总结，由于中国与欧洲各国社会历史发展的道路相比有更大的特殊性，因此，党还没有把丰富的实践提到应有的理论程度，还没有对革命实践的一切问题或重大问题加以考察，使之上升到理论。第三，封建主义的影响比较严重。中国是一个封建历史很长的国家，虽然在长期的革命过程中，党领导人民对封建主义进行了最坚决最彻底的斗争，并在反封建斗争中养成了优良的民主传统，但是封建专制主义的遗毒仍然存在，封建主义的影响对党的侵袭也比较严重，特别是党内生活中出现的一言堂、家长制、个人专断，某些同志在上下级关系之间一定程度上存在着的人身依附关系、猫鼠关系，某些干部的军阀作风，某些士兵中的雇佣思想等，都是党要着力克服的。

综上所述，党的自身建设的有利条件，为把中国共产党建设成为马克思主义的无产阶级政党奠定了重要的思想基础和阶级基础；而党进行自身建设的特殊困难，则使得把中国共产党建设成为一个全国范围的、广大群众性的、思想上政治上组织上完全巩固的马克思主义的无产阶级政党，成为一项光荣而又艰巨的任务，是一项“伟大的工程”。

二、党的建设理论的基本内容

> 毛泽东同志对于建立一个什么样的党，党的指导思想是什么，党的作风是什么，都有完整的一套。
>
> ——邓小平

毛泽东关于党的建设理论，是在长期的革命斗争中，是在党不断成熟的过程中，逐步形成和完善的。党建理论的内容十分丰富，概括起来主要有：党的思想建设、政治建设、组织建设和作风建设。

党的思想建设

必须把思想建设放在党的建设的首位，党的思想建设的重点是党员无产阶级思想意识的建设问题，也就是解决党员从思想上入党的问题。由于旧中国是一个小资产阶级的汪洋大海，党长期处于农村和战争环境中，这就决定了党的成员主要来自于农民和小资产阶级出身的革命分子，他们加入无产阶级政党时，会带来各种非无产阶级思想。因此，党的思想建设的主要任务就是：克服各种非无产阶级思想，把一个以农民和小资产阶级出身的党员为主要成分的党，建设成为一个真正工人阶级的马克思列宁主义的党。克服党内非无产阶级思想，根本的是对党员和干部进行思想教育。思想教育包括无产阶级世界观教育、为人民服务精神教育和共产主义思想教育等。思想教育的基础在学习。毛泽东指出，应把学习作为党员和干部尤其是高级干部的一项任务，并强调了三个方面的学习任务。

一是学习马克思主义基本理论。毛泽东指出，马克思列宁主义是个最好的真理，是解放我们民族的最好的武器，而中国共产党则是拿起这个武器的倡导者、宣传者和组织者。学习马克思主义有一个学风问题。我们中的许多人，学习马克思主义的方法直接违背了马克思主义的理论和实际统一的原则。因此，必须坚持从实际出发，有的放矢，实事求是，理论和实际相结合的马克思列宁主义的学风。

二是学习历史。毛泽东认为，一个缺乏历史知识的党，是不能指导革命取得胜利的。在延安整风时，毛泽东批评党内不重视历史的倾向，提出了研究古今中外历史，特别是研究中国共产党的历史和近代历史的任务。为此，他主持编辑了《六大以来》《六大以前》等中共文件汇编。张闻天等撰写了中国革命史读本。党中央组织全党高级干部对党的历史进行了深入系统的讨论。这就大大提高了全党对中国共产党自身的认识和对中国革命的规律与经验教训的认识，从而有助于统一全党的思想。

三是研究现状，研究国情。毛泽东认为，中国革命斗争的胜利要靠中国同志了解中国情况。应当用马克思列宁主义的理论和方法，对周围环境作系统的周密的调查和研究，从国内外、省内外、县内外、区内外的实际情况出发，从其中引出其固有而不是臆造的规律性，即找出周围事变的内部联系，作为我们行动的向导。

整风运动是进行马克思主义教育的好形式。1942 年毛泽东领导的延安整风开了整风运动之先河。此后，党又多次运用整风运动形式在全党进行马克思列宁主义、毛泽东思想的教育，使党的思想建设和各方面的建设不断地向前推进。

延安整风运动的主要内容是：反对主观主义以整顿学风，反对宗派主义以整顿党风，反对党八股以整顿文风，其中反对主观主义是中心任务。延安整风运动的方针是“惩前毖后，治病救人”，目的是既要弄清思想，又要团结同志。通过学习和总结党的历史经验，全体党员特别是党的高级干部受到了一次生动具体的马克思主义的思想教育、党的路线的教育和增强党性的教育。通过延安整风运动，全党达到了高度的团结和统一，党的战斗力大大增强，为夺取抗日战争和解放战争的胜利奠定了思想上政治上的基础。

开展积极的思想斗争，开展经常性的批评和自我批评，这是解决党内矛盾，加强党的思想建设的重要途径。

党的政治建设

政治建设是党的建设的根本，党的政治建设主要指党的纲领、路线、方针、政策的建设，是带根本性的建设。

第一，要确定党的性质、宗旨和纲领。中国共产党是马克思列宁主义与中国工人运动相结合的产物，是无产阶级的政党，是中国工人阶级的先锋队，这是党的阶级性质。这个阶级性质决定了在军队中，共产党员应是英勇作战的模范，执行命令的模范，遵守纪律的模范；在政府工作中，共产党员应是十分廉洁、不用私人、多做工作、少取报酬的模范；在民众运动中，共产党员应是民众的朋友，而不是民众的上司，是诲人不倦的教师，而不是官僚主义的政客。共产党员只有发挥其先锋模范作用，才能克服困难，战胜敌人。这种无产阶级先锋队性质进一步确定了党的宗旨是全心全意地为人民服务。共产党员无论何时何地都不应把个人利益放在第一位，而应以个人利益服从民族的人民群众的利益。纲领是一面公开树立起来的旗帜，外界就是凭此来判定一个政党的性质。中国共产党二大制定了党的最高纲领和最低纲领。最高纲领提出要在中国实现共产主义，最低纲领是彻底的反帝反封建的纲领。毛泽东在《新民主主义论》中进一步提出了新民主主义的政治纲领、经济纲领和文化纲领。坚持党的无产阶级先锋队性质，坚持党的全心全意为人民服务的宗旨和党的正确纲领，这是党的政治建设的首要问题。

第二，要制定正确的政治路线。政治路线是党的纲领的具体体现，是党在一定历史时期政治行动的总方向和总道路。党的纲领的实现，必须经过若干个发展阶段。党必须科学地确定每一历史阶段的政治任务和奋斗目标，以及实现这一目标的依靠力量。中共七大曾经制定了一条正确的政治路线，其内容是：放手发动群众，壮大人民力量，在我党的领导下，打败日本侵略者，解放全国人民，建立一个新民主主义的中国。这条路线就包括了明确的奋斗目标及实现目标的依靠力量和途径。

第三，还必须制定出贯彻路线的正确方针、政策和策略。毛泽东非常重视党的政策和策略，认为政策和策略是党的生命，是革命政党的一切实际行动的出发点和归宿。因此，在每一行动之前，必须向党员和群众宣传政策，讲明策略。只有党的政策和策略全部走上正轨，为广大人民群众所掌握，革命才有胜利的可能。

党的组织建设

党的组织建设是党的建设的物质基础，是实现党的各项任务的可靠保证。

第一，要扩大党的组织。为了克服困难，战胜敌人，建设新中国，共产党必须扩大自己的组织，向着真诚革命、信仰党的主义、拥护党的政策并愿意服从纪律、努力工作的广大工人、农民和革命知识分子开门，使党成为一个伟大的群众性的党。在这里，关门主义倾向是不能容许的。同时，也要防止奸细和投机分子混入党内，以保证党的队伍的纯洁。

第二，要坚持民主集中制原则。民主集中制是党的组织建设的基本原则，是实现党的政治路线、调动全体党员积极性、实现党在思想上组织上一致的重要保证，是在党内建立起正常关系（上下级之间、党员同党的组织之间、党委内部成员之间）的基本原则。民主集中制的含义是：集中是民主基础上的集中，只有在充分发扬民主的基础上才能实行正确的集中；民主是集中指导下的民主，只有在正确集中的指导下才能实现健全的民主生活。离开民主讲集中，或离开集中讲民主，都会破坏党组织的巩固和发展。

民主集中制要求：个人服从组织，少数服从多数，下级服从上级，全党服从中央；党的各级领导机关由选举产生；各级组织实行集体领导和个人分工负责相结合的制度；各级领导机关和领导人员必须对群众负责，定期向群众报告工作，倾听下级组织和群众的意见，接受群众的监督。贯彻民主集中制，就要扩大党内民主，加强党的纪律。只有发扬民主，才能使党充满活力，调动起全体党员的积极性。同时，还要加强党的纪律，克服非组织观点。

第三，要实行正确的干部路线和政策。政治路线确定以后，干部便是决定的因素。实行正确的干部路线和干部政策，是党的组织建设的重要内容。毛泽东指出，指导伟大的革命，要有伟大的党，要有许多最好的干部和领袖。这些干部和领袖懂得马克思列宁主义，有政治远见，有工作能力，富于牺牲精神，能独立解决问题，在困难中不动摇，忠心耿耿地为民族、为阶级、为党而工作。这些人不要自私自利，不要个人英雄主义和风头主义，不要懒惰和消极性，不要自高自大的宗派主义，他们是大公无私的民族和阶级的英雄，这就是共产党员、党的干部、党的领袖应有的性格和作风。党的干部政策，应坚持“任人唯贤”，反对“任人唯亲”的路线。

第四，必须铲除宗派主义。宗派主义有对党内的，也有对党外的。对内的宗派主义表现为：闹名誉，闹地位，闹出风头，闹独立性，拉拢一些人，排挤一些人，在同志中吹吹拍拍，拉拉扯扯，搞小组织活动与派别斗争。对内的宗派主义倾向产生排内性，妨碍党内的统一和团结。对外的宗派主义主要表现为：不尊重党外人士，脱离人民群众。对外的宗派主义产生排外性，妨碍党团结全国人民的事业。克服这些宗派主义倾向，都要以党的利益高于局部利益和个人利益为出发点，提倡顾全大局，加强团结。

党的作风建设

党的作风集中体现着党的形象，中国共产党在长期的革命实践中，形成了一整套优良传统和作风，毛泽东将其科学地概括为：“理论和实践相结合的作风，和人民群众紧密地联系在一起的作风以及批评与自我批评的作风。”这三大作风是中国共产党区别于其他任何政党的显著标志。

第一，理论联系实际的作风。理论联系实际，是毛泽东一贯倡导的作风。理论联系实际既是学风问题，又是对待马克思列宁主义的态度问题，是正确处理马克思列宁主义基本原理同中国革命具体实际的关系问题。坚持理论联系实际，首先要了解实际，了解国情。这是理论与实际相结合的起点，是认清一切革命问题的依据。没有对客观实际的深入细致的调查研究和全面准确的把握，就不可能做到理论联系实际。坚持理论联系实际还必须真正弄通马克思主义的理论，能领会马克思主义的基本原理的精神实质，能掌握马克思主义解决问题的立场、观点和方法，能用马克思主义之矢，去射中国革命之的。坚持理论联系实际，就要反对把主观与客观相分裂、理论与实践相脱离为特征的主观主义，端正学风。

第二，密切联系群众的作风。密切联系群众既是党的优良作风，又是党的根本的政治路线的体现。其内容是，党和广大人民群众取得最密切的联系，全心全意地为人民服务，一刻也不脱离群众，一切从人民的利益出发，而不是从个人或小集团的利益出发，把向人民负责和向上级机关负责一致起来。共产党人的一切言行必须以符合最广大人民群众的最大利益，为最广大人民群众所接受为最高标准。坚持密切联系群众的作风，必须反对官僚主义、命令主义和尾巴主义；必须信任群众、依靠群众，和人民群众打成一片。

第三，批评和自我批评的作风。批评和自我批评，是防止和抵制各种政治微生物的侵袭、保证党有健康的肌体、正确解决党内矛盾的有效途径。无论是党的整体或党员个人，都必须实行批评和自我批评。以毛泽东为代表的中国共产党人，在同错误倾向的斗争中，逐步确立了一套马克思主义的、符合中国实际的处理党内矛盾的方针、方法，概括起来就是“团结——批评——团结”。即从团结的愿望出发，通过批评和自我批评，达到新的团结。批评与自我批评是解决党内矛盾、促进党内民主生活的主要武器，坚持党的优良传统和加强党的作风建设，是革命和建设取得胜利的保证。

三、党的建设与统一战线、武装斗争的关系

> 统一战线问题，武装斗争问题，党的建设问题，是我们党在中国革命中的三个基本问题。正确地理解了这三个问题及其相互关系，就等于正确地领导了全部中国革命。
>
> ——毛泽东

统一战线、武装斗争、党的建设是中国共产党在中国革命中战胜敌人的三个主要的法宝，这是中国共产党的伟大创造，也是新民主主义革命的基本经验。不了解统一战线、武装斗争和党的建设及其相互关系，就不能理解中国革命。

统一战线、武装斗争和党的建设，三者是紧密联系的。由于中国是半殖民地半封建国家，政治、经济、文化等发展不平衡，这就不但规定了中国革命的性质是资产阶级民主主义革命，而且规定了中国革命的两个基本特点：一是无产阶级同资产阶级要建立（或被迫分裂）革命的统一战线；二是主要的革命形式是武装斗争。由于这两个基本特点，中国共产党建设过程中的失败和胜利、后退和前进、缩小和扩大、发展和巩固，都是同党与资产阶级的关系、与武装斗争的关系密切联系在一起的。中国资产阶级在民主革命中具有两重

性，这对于中国共产党的政治路线和党的建设的影响非常之大。不了解中国资产阶级的两重性，就不能了解中国共产党的政治路线和党的建设。中国共产党的建设的重要一部分，就是在同资产阶级联合又同其斗争中发展和锻炼出来的。武装斗争是中国革命的主要斗争形式。中国共产党的政治路线和党的建设，是密切地联系于这一斗争形式的。离开了武装斗争，就不能了解中国共产党的建设。中国共产党逐步学会并坚持了武装斗争。党的历史表明，党的发展、巩固和布尔什维克化，是在革命战争中进行的，没有武装斗争，就不会有中国共产党。

因此，统一战线和武装斗争，是战胜敌人的两个基本武器。统一战线，是实行武装斗争的统一战线。而党的组织，则是掌握统一战线和武装斗争这两个武器以实行对敌冲锋陷阵的英勇战士。这就是三者的相互关系。

本章复习要点

1. 统一战线、武装斗争和党的建设是中国新民主主义革命的“三个法宝”。它是中国共产党的伟大创造，它是中国革命的基本经验。

2. 统一战线是无产阶级政党的基本策略路线，中国革命中建立统一战线不仅是必要的，而且是可能的。中国共产党在领导中国革命的不同历史阶段都建立了革命的统一战线，积累了宝贵的历史经验。这些经验主要有：必须坚持统一战线中无产阶级的领导权，坚持工农联盟为基础，对资产阶级实行又联合又斗争的策略，必须“发展进步势力，争取中间势力，孤立顽固势力”。

3. 武装斗争是中国革命的主要形式。中国革命的武装斗争实质上就是无产阶级领导下的农民战争。中国革命的武装斗争实行人民战争路线，紧密依靠人民群众，以农村根据地为战略基地，实行正规军、地方军与民兵“三结合”的武装力量体制，灵活运用游击战、运动战和阵地战三种基本作战形式，采取具有中国特点的人民战争的战略战术。

4. 要建设一支新型的人民军队。坚持党对这支军队的绝对领导，坚持全心全意为人民服务的宗旨。人民军队永远是一支战斗队，同时还是一支工作队和生产队。这支军队有严明的革命纪律，有一系列的政治工作基本原则（官兵一致、军民一致、瓦解敌军）和政治生活的民主制度。

5. 中国共产党是掌握统一战线和武装斗争这两个武器实行对敌冲锋陷阵的英勇战士，党自身的建设极为重要。党的建设是一项伟大的工程，既有自身的有利条件，又有特殊困难。党必须把思想建设放在首位，克服党内的非无产阶级思想，进行思想教育，基础在学习。

6. 党的政治建设最根本的是制定正确的政治路线，此外还必须制定出贯彻路线的正确方针、政策和策略。党的组织建设要坚持民主集中制，要实行正确的干部路线和政策，还必须铲除宗派主义。党的作风建设就是加强党的三大作风（理论联系实际、密切联系群众、批评和自我批评）建设。

思考题

1. 如何理解中国革命统一战线的必要性和可能性？

2. 中国革命统一战线的基本历史经验是什么？

3. 如何理解人民战争及其战略战术?

4. 党在革命战争年代形成了哪些优良传统和作风?在新的历史条件下如何继承和发扬这些传统和作风?

5. 中国革命战胜敌人的三大法宝及其相互关系是什么?

第五章

人民民主专政理论

在中国人民革命即将取得胜利和新中国即将诞生之际，中国共产党于 1949 年 6 月 15 日，组织与正式成立了新政治协商筹备会，筹备召开中国人民政治协商会议与成立中央人民政府的工作。在建国的筹备工作中，建立一个什么样的国家是全国人民所关心的问题。为了阐明中国共产党在建立新中国问题上的根本主张，毛泽东于 1949 年 6 月 30 日发表了著名的《论人民民主专政》一文，系统地阐述了人民民主专政的理论，奠定了我国人民民主专政的理论基础和政策基础。这一理论的形成和逐步成熟，是几十年来中国共产党人不屈不挠艰苦奋斗和探索的成果。这一理论思想成果是毛泽东思想的一个重要组成部分，是马克思主义无产阶级专政学说在中国的具体化，是对马克思主义国家学说的重要理论贡献。

第一节 人民民主专政理论的形成

从中华苏维埃政权的产生，到以人民民主专政为政权模式的中华人民共和国的建立，就是以毛泽东为代表的中国共产党人把马克思列宁主义无产阶级专政理论和中国革命具体实际相结合的过程；是在中国的具体国情下创造性地提出、发展和完善人民民主专政的这一崭新理论并全面付诸实践的过程。

一、中国共产党对建立革命政权的早期认识

十月革命一声炮响，给我们送来了马克思列宁主义。十月革命帮助了全世界的也帮助了中国的先进分子，用无产阶级的宇宙观作为观察国家命运的工具，重新考虑自己的问题。

——毛泽东

从1840年算起，以洪秀全、康有为、严复、孙中山为代表的先进中国革命人士励精图治、前仆后继，不屈不挠地寻求救国真理，试图建立一个理想的新型国家，但是都一一失败了。中国共产党诞生之初，对革命胜利之后建立一个什么样的国家政权的问题有一个认识、学习和逐步提高的过程。中国共产党对国家政权的认识来源于马克思列宁主义关于无产阶级专政的学说。

一个国家的性质，是由哪个阶级掌握国家政权和执行哪个阶级的政策来决定的。社会主义国家的本质是无产阶级专政，就在于它是无产阶级（通过共产党）领导的政权，执行着无产阶级的路线、方针和政策。马克思和恩格斯在《共产党宣言》中提出“工人革命的第一步就是使无产阶级上升为统治阶级”，这里说的无产阶级统治就是无产阶级专政的思想。列宁多次指明这一点，他在《论粮食税》一文中说：“无产阶级专政就是无产阶级对政策的领导。无产阶级作为一个领导的统治的阶级，应当善于指导政策，以便首先去解决最迫切而又最‘棘手的’任务。”无产阶级领导，是无产阶级专政的根本标志。不仅如此，马克思列宁主义认为，无产阶级反对腐朽阶级的斗争，必然发展为暴力革命，推翻资产阶级的统治，建立新型的无产阶级的国家政权。马克思在《哥达纲领批判》中指出：“在资本主义社会和共产主义社会之间，有一个从前者变为后者的革命转变时期。同这个时期相适应的也有一个政治上的过渡时期，这个时期的国家只能是无产阶级的革命专政”。在1919年以后兴起的共产国际运动，要求各国共产党都应把无产阶级专政写入党的纲领性文件。当然，由于国家的历史渊源、国情的不同，无产阶级专政的实践道路和具体形式是不一样的。

中国共产党在成立之初，由于对中国半殖民地半封建社会的基本国情和中国当前阶段的革命性质及特点缺乏深刻了解，也没有相应的实践经验，因此只能笼统地把社会主义革

命作为首要目标，原则地规定“采用无产阶级专政”，而未能提出适合国情的、具体的国家政权形态。在中共二大提出民主革命纲领以后，党先后提出了建立“劳农专政”（二大）、“真正平民的政权”（三大）、“革命民众政权”（1925 年 10 月中央扩大会议）、“工农小资产阶级的民权独裁制”（五大）等主张，对民主革命胜利后建立什么样的国家政权问题进行了初步的探索。1925 年 11 月，毛泽东在《答少年中国学会改组委员会问》中提出，通过无产阶级领导的社会主义革命，“实现无产阶级、小资产阶级及中产阶级左翼的联合统治，即革命民众的统治”。次年 1 月，毛泽东在《国民党右派分离的原因及其对于革命前途的影响》一文中，提出中国革命的“目的是建立一个革命民众合作统治的国家”。这些提法表明，毛泽东已初步意识到中国民主革命要建立的政权既非无产阶级一个阶级的专政，也非资产阶级一个阶级的专政，而是“联合统治”或“合作统治”。这一认识可视为毛泽东关于人民民主专政思想的最初萌芽。

二、从工农民主专政到人民民主专政

> 资产阶级的民主主义，资产阶级共和国的方案，在中国人民的心目中，一齐破了产。资产阶级的民主主义让位给工人阶级领导的人民民主主义，资产阶级共和国让位给人民共和国。
>
> ——毛泽东

三种建国方案的对抗与较量

从中国民主革命发端以来，交织在中国近现代史政治舞台上的各党派关于国家政权蓝图的勾画，集中体现为三种建国方案的互相对抗和相互较量。

第一种，建立一个大地主、大资产阶级专政的半殖民地半封建国家的国家方案。这是由北洋军阀和国民党统治集团代表的大地主、买办大资产阶级从自身利益出发提出的。

国民党蒋介石统治集团抛弃了孙中山新三民主义思想，背叛了大革命，推行独裁、内战、卖国三位一体的反动方针，其统治本质与腐朽的北洋军阀同出一脉，丧尽了民心，这样的政权当然为人民深恶痛绝。

第二种，建立西方式的资产阶级民主共和国的国家方案。即所谓“中间路线”的主张。这一方案是由代表民族资产阶级和上层小资产阶级利益的民主党派人士提出的，他们主张以英、美式的政治民主为楷模实行议会制。然而，康有为和梁启超建立君主立宪制的抱负、孙中山的民主共和制理想都失败了，这说明建立资产阶级共和国、实行资产阶级专政的方案在中国是行不通的。

第三种，建立一个工人阶级领导的，以工农联盟为基础的，团结包括小资产阶级、民族资产阶级和一切爱国人士在内的人民民主专政的新型国家的建国方案。这个方案是中国共产党根据中国社会、中国特点，在反复的革命斗争实践检验中不断提炼总结得出的，它凝聚着中国共产党人艰辛的探索和百折不挠的民族振兴精神。这个方案一出台，就像一片曙光，照亮了中华大地，它将带领人民大众摆脱贫穷、落后、受奴役、受侮辱的旧时代，豪情满怀地走向幸福、美好的新社会。这一方案最终得以实施，并赢得了包括民族资产阶级、小资产阶级各民主党派在内的全国最广大人民的支持和拥护，这是中国近现代社会发展规律和中国革命发展规律的必然结果和历史选择。

人民民主专政理论的探索

中国共产党在建立国家政权的探索历程上，先后经过了“工农苏维埃政权”、“三三制政权”、“民主联合政府”主张、“人民民主政权”等几个阶段，最后形成人民民主专政的理论。

(1) 工农苏维埃政权。第一次大革命失败以后，中国共产党人从失败中吸取教训，在具有重要历史意义的八七会议上批判了陈独秀右倾机会主义，确定了我党独立领导武装斗争，进行土地革命和武装反抗国民党反动派的总方针。毛泽东在这次会议上强调：以后要非常注意军事，须知政权是由枪杆子中取得的。

从1927年8月开始一年多的时间里，我党先后在十几个省份发动了包括南昌、秋收、广州、东江、琼崖、赣西南等一百多次武装起义和暴动。这些起义一部分由于政策错误和强敌围攻，遭受到不同程度的挫折和失败，如南昌起义、广州起义等。但仍有一部分坚持和保存了下来，如秋收起义、湘鄂西起义、鄂豫皖起义、赣西南起义等。这些能坚持下来的地区，基本上是处于数省边界、距离国民党统治的中心城市较远的偏僻山区。

为了长期进行斗争，必须有可靠的根据地，有计划地建设革命政权。毛泽东在领导秋收起义中打出了共产党领导的“工农革命军第一师”的红旗，率领秋收起义的余部向敌人统治力量薄弱、革命较有基础的井冈山地区进军，在那里建立了第一个农村革命根据地——湘赣边界革命根据地，建立了党的地方政权组织——工农民主政权，开始“工农武装割据”。

井冈山根据地建立后，1927年11月28日，在茶陵县成立工农兵政府，由谭震林担任主席。随后，全国十几个根据地建立了“革命委员会”“工农兵苏维埃政府”“工农兵政府”等各种称谓的工农民主政权。中共六大会议之后统一称为工农兵苏维埃政权，要求均以苏维埃（俄文的音译，代表会议的意思）为工农民主政权的组织形式。工农兵苏维埃政府在民众中享有很高的威信。中共湖南省委代表杜修经当时给省委的报告中写道：“民众在打土豪后相信毛司令，在分田地后相信党相信苏维埃。”

1931年11月7日到20日，在江西瑞金召开了中华苏维埃第一次全国代表大会，宣告成立中华苏维埃共和国临时中央政府，选举毛泽东为主席，项英、张国焘为副主席。大会通过了《中华苏维埃共和国宪法大纲》，宪法大纲明确规定中华苏维埃政权所建设的是工人和农民的民主专政国家，即工农共和国，它的基本任务是保证苏维埃工农民主专政政权在全国的胜利。

中华苏维埃共和国临时中央政府前后存续了三年，但它所提供的历史经验却意义重大。毛泽东将工农民主专政性质的农村苏维埃称为中国的红色政权，它的政权组织原则是人民主权、民主集中和议行合一。它建立起了一个有相当规模和较强工作效率的政权机构：苏维埃工农民主政权的权力机关是工农兵代表大会，行政机关是人民委员会，军事机关是军事委员会，司法机关是法院，审计机关是审计委员会，金融机构是苏维埃国家银行，保卫机构是保卫局等。在行政区域上划分为中央政府机关和省、县、区、乡四级地方政府机关几部分。中央苏区的面积有4万多平方公里，大约有600万居民。红色政权进行了法制、经济、文化教育等一系列建设活动，取得了可喜的成绩。红军队伍鼎盛期达到30万人，成为一支强大的战斗力量。

中华苏维埃政权实质是中国共产党领导的工农民主政权，是我党在特殊历史条件和环境下建立的革命政权，虽然受俄国十月革命的影响很大，制度和组织建设照搬的东西不少，但它毕竟是中国共产党创建新型人民政权的伟大尝试，赢得了广大工农和小资产阶级的真诚拥护和支持，它是人民共和国的雏形。红色根据地的各项建设，也为我党创建今后的国家政权组织积累了宝贵的经验。

（2）“三三制”政权。早在1935年12月，为适应建立抗日民族统一战线的需要，中共中央决定将“工农共和国”的口号改为“人民共和国”，并说明“人民共和国”不但代表工人农民，而且代表中华民族，提出“人民共和国的政府以工农为主体，同时容纳其他反帝国主义反封建势力的阶级。”

1936年8月中国共产党根据形势发展的需要，为进一步推动新国共合作的建立，发表《致中国国民党书》，提出与国民党共同致力于建设统一的“民主共和国”的倡议，并承诺苏维埃工农民主政权区域即可成为全中国统一的民主共和国的一个组成部分。

七七事变后，以第二次国共合作为基础的抗日民族统一战线正式建立，中共中央宣布取消中华苏维埃共和国的称号，陕甘宁工农民主政府改称陕甘宁边区政府，转变为抗日民族统一战线性质的政权。为了坚持长期抗战，中国共产党十分重视根据地的政权建设，在自己领导的抗日根据地内进行了“民主共和国”的实践探索。

1939年初在延安通过的《陕甘宁边区抗战时期施政纲要》规定了中国共产党在各抗日根据地内实行的基本政策，据此中共中央对根据地政权建设作出一系列指示：第一，根据地抗日民主政权，是中国共产党领导的抗日统一战线性质的政权，即几个革命阶级联合起来对汉奸、反动派的民主专政。第二，在政府工作人员中，实行共产党员、非党左派进步分子、中间派各占三分之一的“三三制”政权制度，容纳多方，团结抗日的各阶级、阶层。第三，共产党在政府工作中的领导地位和优势，是靠政策的正确、党员的模范作用和人民的拥护来实现的。第四，在政权工作中，要不断健全民主制度，党员必须同党外人士实行民主合作，倾听他们的意见，遇事共同商量，不得一意孤行，把持包办。第五，政权的施政方针是反对日本帝国主义，保护抗日人民，调节各抗日阶级的利益，改良工农生活。

这样，以陕甘宁边区的政权建设为示范，中国共产党领导的各个抗日根据地陆续建立了“三三制”抗日民主政权。

抗日民族统一战线的“三三制”政权与之前的工农苏维埃政权是一脉相承的一个政权体系，但它是我党政权建设思想和实践的进一步发展，是毛泽东同志倡导的创建新民主主义共和国的理论与实践的探索。相比较它有如下特点：

其一，它是几个革命阶级联合的抗日民主专政。毛泽东指出：这种政权，是一切赞成抗日又赞成民主的人们的政权，是几个革命阶级联合起来对于汉奸和反动派的民主专政。它是在无产阶级领导下的几个革命阶级联合起来的专政政权。这个政权具有极大的广泛性，既坚持了工农为主体，以工农联盟为基础，又团结了一切赞成抗战的爱国阶级、阶层和民主人士，孤立了顽固派，从而结成最广泛的抗日民族统一战线。“三三制”的参政模式，实际成为后来共产党领导的多党合作、政治协商制度的雏形。

其二，它的根本任务是打倒日本帝国主义及其走狗。在中国共产党领导下，抗日民族统一战线“三三制”政权先后实施了精兵简政、减租减息、整风运动、发展生产等十大政策，极大地推动了全国抗日民族解放运动。

其三，抗日民族统一战线“三三制”政权不再独立于国民党领导的全国政权。尽管各抗日根据地政权实际由中国共产党统一领导，是共产党领导的局部政权和军队，是抗日统一战线的中坚力量，但在行政区划上都是国民政府管辖的地方政府。

其四，抗日民族统一战线“三三制”政权的组织形式力求与国民政府相一致。我党领导的抗日民主政府的最高权力机构由工农兵代表大会转变为参议会，以便与国民党领导的全国政府的参议会系统相一致。“三三制”政权机构中参议会（后改为人民代表会议）的成员采取民主选举和聘请相结合的方式产生，期间当选的参议员一般都是我党的积极分子、各个民主党派先进人物、社会名流、学者、士绅和少数民族代表等。

十四年抗战中，我党在敌后相继开辟了19个抗日革命根据地，普遍建立了相应的政权组织。其中，陕甘宁边区政府实际上成为中国共产党进行抗日战争的指挥中心和敌后抗日根据地的战略总后方，边区首府延安成为闻名中外的革命圣地，成为哺育中华民族一代精英的革命摇篮和全国人民的希望所在。

（3）民主联合政府主张。为争取抗日战争的最后胜利，开创一个和平民主的未来前景，中国共产党以新民主主义革命理论为指导，1944年9月审时度势向国民党政府提出改组国民党一党专政，成立民主联合政府的主张。9月15日，林伯渠根据中共中央指示，在国民参政会上正式提出：“希望国民党立即结束一党统治的局面，由国民政府召开各党各派、各抗日部队、各地方政府、各人民团体的代表，开国事会议，组织各抗日党派联合政府”的主张。随后，中国共产党又以书面向国民党当局提出成立民主联合政府的方案。

10月10日，周恩来在延安发表《如何解决》的演讲，进一步阐明实施这一主张的具体步骤和方法。中国共产党的这个主张，代表了全国人民的愿望和要求，得到了全国人民和各民主党派的热烈拥护。这样，在全国迅速形成一次规模浩大的民主运动高潮。国民党统治区各党派人士、社会各界名流及海外华商侨胞纷纷发表文章、声明，组织座谈，举行集会，反对国民党一党专制，一致支持共产党建立民主联合政府的政治主张。

在中国共产党第七次全国代表大会上，毛泽东作了题为《论联合政府》的政治报告，报告阐述了建立联合政府的政治、军事、经济、文化及外交等方面的纲领和步骤。一般纲领和任务是：打败日本侵略者，建立一个以全国绝对大多数人民为基础而在工人阶级领导之下的统一战线的民主联盟的国家制度，将中国建成一个独立、自由、民主、统一和富强的新国家。大会具体提出了结束国民党一党专政的两个步骤：第一步，目前时期，经过各党派代表、无党派人士的广泛协议，成立临时的联合政府；第二步，将来时期，经过各阶级、阶层人士自由的无拘束的选举，召开国民大会，成立正式的联合政府。

与此同时，蒋介石统治集团在重庆召开国民党六大会议，制定了抵制联合政府，坚持独裁统治和准备内战的反共反人民的政治路线，顽固阻挠民主联合政府主张的实现。

随着抗战胜利的到来，制止内战、争取民主和平、建立新型国家制度，成为国内饱受战争蹂躏的广大民众热切盼望和关注的焦点。中国共产党顺应这一形势，提出了“和平、民主、团结”口号作为和平建国的总方针，同时以强大的声势开展广泛的民主政治斗争，要求改组国民政府，提出建立各党派联合政府的政治主张。通过这些运动和斗争，中国共产党的政权理论思想进一步成熟，以毛泽东为代表的中国共产党人关于人民民主专政的基本思想初步形成。

（4）人民民主专政政权。1946年6月国民党政府倚仗美帝国主义的纵容和支持，向解放区发动全面的军事进攻，挑起了中国历史上空前规模的内战。

中国共产党决心领导全国人民彻底打败蒋介石国民党政府，建立全新的人民民主政权。

随着人民解放战争的展开，各解放区的政权组织形式、人员机构也发生了相应的变化。人民解放军和中国共产党党员队伍继续扩大，解放区面积和人口不断增大。革命政权从抗战胜利时的近二十个分散的民主政权逐步合并、融合为几大行政区人民政权，由中共中央和人民解放军总部统一领导。中央工作委员会和中央后方委员会负责完成中央委托的各项工作及统筹后方建设工作。解放区人民政权的各级政府人员构成不再采用“三三制”形式，政府领导层以共产党员为主，仍然保持相当数量的民主党派、人民团体和各界爱国人士。政府工作人员主要包括党组织多年培养的老区工农干部、解放军干部、国统区地下党员干部和有进步思想的革命知识分子及民主人士等。同时逐步由人民代表会议制度取代了参议会形式，定期召开由各界爱国人士和民主党派人士参加的人民代表会议，讨论和学习中央决议精神，选举地方人民政府，商议和决定当地解放区人民政府的重大工作事宜和决策。

随着人民解放战争的胜利推进，中国革命的胜利即将到来，“建立一个怎样的新中国”的问题，便摆在了中国人民的面前。中国共产党总结历史和现实的经验，坚持主张建立一个工人阶级领导的、以工农联盟为基础的人民民主专政的新国家。毛泽东在1948年9月中共中央政治局会议的报告中提出，要建立无产阶级领导的以工农联盟为基础的人民民主专政。他并指出，我们政权的阶级性是这样：无产阶级领导的，以工农联盟为基础，但不仅仅是工农，还有资产阶级民主分子参加的人民民主专政。1948年12月30日，在《将革命进行到底》一文中，毛泽东第一次公开使用“人民民主专政”的概念。他写道，如果要使革命进行到底，那就是用革命的方法，消灭一切反动势力，“在全国范围内建立无产阶级领导的以工农联盟为主体的人民民主专政的共和国”。1949年3月，毛泽东在中共七届二中全会上再一次明确提出，要建立和巩固“无产阶级领导的以工农联盟为基础的人民民主专政”。

1949年6月，毛泽东为了更加系统地回答即将成立的新中国国家政权的性质、各阶级在国家中的地位和相互关系、国家的内外政策以及国家的发展前途等问题，也为了驳斥国内外反动派说中国共产党要实行“独裁”、是“极权主义”的诬蔑和攻击，抨击一些民族资产阶级右翼代表人物反对建立人民民主专政的国家、否定工人阶级领导地位、主张实行“仁政”、幻想在中国建立英美式的资产阶级专政的国家等错误观点，同时答复国际朋友的关心，他在纪念中国共产党成立28周年的时候，发表了《论人民民主专政》一文，在这篇文章中，毛泽东运用辩证唯物主义观点，根据马克思列宁主义的国家学说，总结了近代以来中国革命的历史经验，阐明了建立人民民主专政国家的历史必然性，论述了人民民主专政的一系列根本问题。这篇著名文章的发表，标志着人民民主专政理论已经完全形成。

1949年9月，中国人民政治协商会议第一届全体会议通过的《共同纲领》载明：中华人民共和国为新民主主义即人民民主主义的国家，实行工人阶级领导的、以工农联盟为基础的、团结各民主阶级和国内各民族的人民民主专政。这就用国家根本大法的方式，确立了人民民主专政是我国的根本国家制度，是新中国的国体。人民民主专政既是民主革命合乎逻辑的结果，又是由新民主主义转变到社会主义的政治前提和政权保障。

第二节 人民民主专政理论的体系

一、人民民主专政的性质和内容

> 总结我们的经验，集中到一点，就是工人阶级（经过共产党）领导的以工农联盟为基础的人民民主专政。
>
> ——毛泽东

在《论人民民主专政》中，毛泽东首先回顾了一百多年来中国人民救国斗争的历史，深刻地总结了中国革命正反两个方面的历史经验，指出，中国民主革命胜利后，所要建立的国家，只能是人民民主专政的共和国，而不是资产阶级专政共和国。他说，总结中国共产党28年奋斗的历史经验，“集中到一点，就是工人阶级（经过共产党）领导的以工农联盟为基础的人民民主专政。”这是对人民民主专政政权性质和内容的高度概括。

第一，人民民主专政的本质特性以及民主与专政的辩证关系。依据《论人民民主专政》的论述我们可以得出：所谓人民民主专政，就是工人阶级（经过共产党）领导的，以工农联盟为基础的，人民民主与对敌人专政相结合，即新型民主和新型专政相统一的国家政权。毛泽东曾明确指出：在人民内部实行民主，对人民的敌人实行专政，这两个方面是分不开的，把这两个方面结合起来，叫人民民主专政。毛泽东提出的人民民主专政的这个概念，在革命和建设实践中经过反复的检验，得到了广大人民群众的热烈拥护，丰富了马克思主义的国家学说。

我国的人民民主专政实质上仍是无产阶级专政，尽管国家政权是工人阶级、农民阶级、城市小资产阶级和民族资产阶级共同参加组成的，但它是由无产阶级（经过共产党）领导的，它执行的是无产阶级的政策和无产阶级所担负的革命和建设使命。

在人民民主专政这个国家概念中，“人民”是一个历史范畴。毛泽东指出，在中国，在现阶段，所谓人民大众，包括工人阶级、农民阶级、城市小资产阶级和民族资产阶级，而以工人、农民和其他劳动群众为主体。这几个阶级在中国新民主主义革命中都做出了贡献，尽管发挥的作用不同，贡献也有大小，但是同属革命阶级，在人民民主专政政权取得胜利后，他们都应具有相应的地位。因此，这一新型政权对人民只能实行民主制度，就是让人民在政治上充分享有各项自由和民主权利，采用民主方法解决人民内部矛盾，保证人民当家做主，管理国家和一切社会事务。

“敌人”这个概念也是一个历史范畴，不同历史时期有着不同内涵，当时毛泽东所指的敌人主要是帝国主义的走狗即地主阶级和官僚资产阶级以及代表这些阶级的国民党反动派及其帮凶们。人民民主专政对敌人实行专政制度，就是在反动阶级和反动派的政权被推翻以后“压迫这些人，只许他们规规矩矩，不许他们乱说乱动。如果乱说乱动，立即取缔，予以制裁”。同时，只要这些反动分子不造反，不破坏，也给他们土地，给他们工作，让他们在劳动中改造自己成为新人。

在人民内部实行民主，对反动派实行专政，这两个方面是紧紧相联系，不可分割的。只有在人民内部发扬民主，才能对敌人实行有效的专政；也只有对敌对阶级实行有效的专政，粉碎他们的一切反抗和破坏，才能保证人民的民主。

第二，各阶级在人民民主专政国家政权中的地位和相互关系。毛泽东指出，人民民主专政国家的阶级构成是：工人阶级、农民阶级、城市小资产阶级和民族资产阶级。在这些阶级中，工人阶级是国家的领导力量。因为只有工人阶级最有远见，最大公无私，最富于革命的彻底性。中国革命的历史证明，有了工人阶级的领导，革命就胜利了。中国的小资产阶级和民族资产阶级多次领导过革命，都失败了，就是证明。

人民民主专政的政权基础是工人阶级、农民阶级和城市小资产阶级，而主要是工人和农民的联盟。可以说，推翻帝国主义和国民党反动派的胜利是建立在工农联盟基础上的，因为这两个阶级占了中国人口的百分之八十到九十，他们在中国的政治、经济生活中占着决定性的地位。民族资产阶级也是人民民主专政政权的一部分力量。在新民主主义革命和社会主义改造时期，工人阶级和民族资产阶级的联盟可以说是毛泽东的独特创造，它表明了人民民主的广泛性。毛泽东指出，为了对付帝国主义的压迫，为了使落后的经济地位提高一步，必须利用一切对国计民生有利而不是有害的城乡资本主义因素，团结民族资产阶级，共同奋斗。但是，民族资产阶级不能充当革命的领导者，也不应当在国家政权中占主要的地位。这是因为他们的软弱性、缺乏远见和勇气而决定的。

第三，人民民主专政的国体和政体。我国的国体就是人民民主专政。它是中国历史上首次出现的对绝大多数人的民主和对少数人的专政，是新型民主和新型专政的辩证统一。

在我国，与人民民主专政的国体相适应的政体，是民主集中制的人民代表大会制度。人民代表大会是国家权力机关，代表人民统一行使国家权力，决定全国和各级地方一切重大事务。全国人民代表大会是最高国家权力机关，它与全国各级地方人民代表大会共同构成我国国家权力机关的统一体系。

1948年9月，毛泽东在中央政治局会议上指出：我们政权的制度是采用议会制呢？还是采用民主集中制的人民代表大会制呢？我们采用民主集中制，而不采用资产阶级议会制。议会制，袁世凯、曹锟都搞臭了。在中国采用民主集中制是很合适的。我们提出开人民代表大会，不必搞资产阶级的议会制和三权鼎立。

1949年9月召开的中国人民政治协商会议第一次全体会议通过的、起国家临时宪法作用的《中国人民政治协商会议共同纲领》（以下简称《共同纲领》）正式确定了人民代表大会制度。1954年9月第一届全国人民代表大会制定并通过的宪法，进一步将民主集中制的人民代表大会制载入国家根本大法。

二、人民民主专政的特点和任务

> 对人民内部的民主方面和对反动派的专政方面，互相结合起来，就是人民民主专政。
>
> ——毛泽东

人民民主专政的特点

我国人民民主专政虽然从实质上讲是无产阶级专政，但它具有中国自己的特点：

第一，从阶级专政的范围来看，人民民主专政把民族资产阶级划入人民的范畴，而不作为专政的对象。

在中国，历史的、实际的情况与欧洲不同。毛泽东曾把中国资产阶级分为两个部分：一种是带买办性质的官僚资产阶级，他们是中国革命和人民专政的对象；一种是民族资产阶级，他们具有参加革命和对敌人妥协这样的两面性。正是因为民族资产阶级有革命性的一面，我们党将民族资产阶级作为人民的一部分对待。不仅在新民主主义时期，而且在社会主义改造以后，民族资产阶级都参与了人民民主专政的国家政权，参加了国家的政治、经济、文化事业和部分事务管理工作。因此，民族资产阶级在我国不属于专政的范围。

第二，从国家政党制度看，人民民主专政实行的是中国共产党领导的多党合作和政治协商制度，而不是一党制。在新中国诞生之前世界上建立的社会主义国家主要集中在欧洲，他们实行的是一党制。而中国的历史条件和社会状况，决定了必须实行共产党领导的多党合作和政治协商制度。中国共产党居领导地位，是执政党。各民主党派是参政党，是友党。在中国，没有在野党和反对党。

第三，从对国家政权本质的表述上看，“人民民主专政”的提法，将“民主”与“专政”并列，具有鲜明的中国特色。

毛泽东把“民主”和“专政”并列，直接标明了人民民主和人民专政是两个不可分割的内容，将“民主”与“专政”都提高到国家政权阶级性质的角度来认识和把握，这是对马克思主义国家学说的进一步发展。人民民主专政的表述既符合中国国情，又科学贴切，易为广大人民群众理解和接受，从而有利于在实际工作中防止误解和片面性。

第四，从国家政权的发展趋势看，人民民主专政衔接两个革命阶段，民主的范围不断扩大，民主制度不断发展健全。人民民主专政国家政权民主制度的建立和发展，顺应了中国新民主主义革命、社会主义革命和建设发展的需要。

随着社会主义社会的发展，人民民主制度不断完善，享有民主权利的民众极其广大，社会主义民主的广泛性日渐显示出来。对敌专政的范围将逐步缩小，享受民主的人数和享受民主的内容都将更进一步地扩大。当然，人民民主专政国家政权的巩固和发展也需要一个长期的改革、完善过程，这是一个渐进的发展过程。

总之，人民民主专政政权理论是毛泽东思想的重要组成部分。它既坚持了马克思主义无产阶级专政国家学说的基本原则，更赋予了中国的特殊国情和民族特色，是对马克思、列宁关于国家学说的创造性发展，它成为我国新民主主义革命、社会主义革命和建设的强大思想武器和行动指针。

人民民主专政的使命和任务

毛泽东在《论人民民主专政》一文中，阐述了阶级和阶级斗争的发展趋势，揭示了阶级、政党和国家的发展规律。他还分别从民主和专政、对内镇压和对外防御方面阐发了人民民主专政的政治职能和主要任务，从国家、全党和全社会的建设发展任务上阐述了国家经济文化职能和任务，同时深刻揭示出人民民主专政的国家政权肩负着重大而艰巨的双重历史任务和历史使命，即从新民主主义向社会主义的过渡以及由社会主义向共产主义的过渡。

为保证历史任务和历史使命的完成，毛泽东在《论人民民主专政》中还进一步提出了若干项人民民主专政的基本任务。包括：要强化诸如人民军队、人民法庭、人民警察等国家机器，借以巩固国防和保护人民利益，对内镇压被推翻的反动阶级的反抗，保护人民的民主权利；对外防御帝国主义的侵略和颠覆，保卫人民的和平和经济文化建设；有步骤地解决国家工业化问题，学会承担繁重的经济建设任务；运用国家政权力量，改造非社会主义经济，建立社会主义经济制度；教育和改造小生产者，实现农业社会化；在政治思想上同一切旧思想开展斗争，进行思想、文化建设等。

三、人民民主专政国家对外关系的方针和政策

> 任何外国政府，只要它愿意断绝对于中国反动派的关系，不再勾结或援助中国反动派，并向人民的中国采取真正的而不是虚伪的友好态度，我们就愿意同它在平等、互利和互相尊重领土主权的原则的基础之上，谈判建立外交关系的问题。
>
> ——毛泽东

人民民主专政国家政权建立前后，为了给新中国建设和发展创造一个积极有利的国际环境和条件，中国共产党领导人毛泽东、周恩来从中国人民和世界人民的根本利益出发，将爱国主义与国际主义相结合，确立了一条独立自主、和平共处的外交政策。

第一，反帝反霸，维护世界和平，是我国独立自主、和平共处外交政策的基本原则。建国前夕，毛泽东在《论人民民主专政》中提出了新中国外交政策的战略构想：在政治上

实行向社会主义国家“一边倒”，即倒向社会主义一边的战略思想。毛泽东指出，中国“在国际上是属于以苏联为首的反帝国主义战线一方面的，真正的友谊的援助只能向这一方面去找，而不能向帝国主义战线一方面去找。”第二次世界大战以后，国际上以美国为首的帝国主义阵营和以苏联为首的社会主义阵营在冷战中尖锐对立、激烈斗争。在国内，中国人民在共产党领导下，又经过三年解放战争，终于打败了以美国为靠山的国民党反动派，赢得了新民主主义革命的胜利。新中国诞生后，帝国主义不会甘心自己在中国的失败，很有可能对中国进行武装干涉，这就决定了中国同社会主义国家联合的必要性。

1949年9月中国人民政治协商会议通过的《共同纲领》全面阐述了新中国的外交路线。它指出，新中国外交的基本原则是，“保障本国独立、自由和领土主权的完整，拥护国际的持久和平和各国人民间的友好合作，反对帝国主义的侵略政策和战争政策。”在具体政策上，《共同纲领》指出，“中华人民共和国联合世界上一切爱好和平、自由的国家和人民，首先是联合苏联、各人民民主国家和各被压迫民族，站在国际和平民主阵营方面，共同反对帝国主义侵略，以保障世界的持久和平。”

“一边倒”的战略思想是根据当时国际形势的特点和中国的国情提出的，而不是盲从苏联，更不是要断绝同西方的交往。周恩来明确讲过，我们对外交问题有一个基本立场，即中华民族独立的立场，独立自主、自力更生的立场，任何国家都不能干涉中国的内政；外援如果有利于中国当然要，但不依赖，即使对于苏联及各人民民主国家，我们也不能有依赖之心。

新中国的正确的外交政策，推动了一批国家同我国建交。截至1950年底，有苏联、罗马尼亚等18个国家与我国正式建立外交关系，还有南斯拉夫、英国、以色列等8个国家表示出积极的建交愿望。新中国的国际地位和声望空前提高。

1953年12月，周恩来首次提出了和平共处五项原则，即互相尊重主权和领土完整、互不侵犯、互不干涉内政、平等互利、和平共处，得到国际公众舆论的热烈响应，特别受到新兴民族独立国家的赞同。

在1954年4月的日内瓦会议和1955年4月的万隆会议上，周恩来代表我国政府，全面地阐述了我国反帝、反殖和维护世界和平的对外政策，并同与会各国一起倡导了和平共处五项原则，确立了正确处理国与国关系的重要准则。中国在这两次会议上发挥了积极的作用，取得了重大的外交成果。

从50年代末至60年代，苏联当时的领导人赫鲁晓夫企图推行“苏美合作，主宰世界”的战略，一心想把中国纳入其战略体系，并对中国不断施加种种压力，甚至提出严重损害我国主权的无理要求，妄图控制我国。我国政府针对苏联的大国主义、大党主义发表严正声明，指出：和平共处等五项原则不仅适用于不同制度国家之间的关系，也适用于社会主义国家之间。但是，苏联领导人不仅不遵守这些原则，而且越来越走上大国主义、霸权主义的道路。

毛泽东领导中国人民以大无畏的英雄气概，坚决顶住了苏联的压力，并且与苏联的大国沙文主义和霸权主义进行了坚决的斗争，坚持了独立自主的原则，提出在世界范围内建立反帝、反霸统一战线的国际战略，不仅维护了我国的统一、独立和民族尊严，而且赢得世界各国的普遍尊敬。

第二，坚持独立自主、自力更生，并不等于闭关锁国，相反，毛泽东积极主张对外交往。

建国以后，新中国在坚持独立自主、和平共处基本原则下，积极主张与不同社会制度的国家发展经济贸易关系。1953年4月，中共中央发出关于纠正“技术一边倒”错误口号的指示，指出技术问题不同于政治问题，不存在阶级和阵营问题。

第三，毛泽东关于三个世界划分的战略思想。60年代至70年代，世界政治形势激烈动荡。在第二次世界大战后一个时期曾发挥重要作用的社会主义阵营，由于苏联对外推行大国主义、霸权主义而不复存在；西方帝国主义集团也由于资本主义发展的不平衡和内部矛盾的加剧而四分五裂；战后亚非拉若干新兴民族国家纷纷取得独立，在国际政治舞台上起着越来越重要的作用。在这种形势下，如何对世界各种基本矛盾的发展变化进行新的分析，提出新的论断，直接关系到能否以维护中华民族最高利益为出发点确定正确的对外方针政策。

经过长时期的总结分析，1974年，毛泽东同志正式对世界政治力量的进一步分化和重新组合作出了新的科学论断，提出关于划分三个世界的战略理论思想。这年2月，毛泽东在会见非洲赞比亚国家领导人卡翁达时谈到：“我看美国、苏联是第一世界。中间派，日本、欧洲、澳大利亚、加拿大，是第二世界。咱们是第三世界。”“第三世界人口很多”，“亚洲除了日本，都是第三世界。整个非洲都是第三世界，拉丁美洲也是第三世界。”这种战略划分，超越了社会制度和意识形态的传统观念，使我国能够依据国际社会中不同国家的不同地位和作用，制定和调整我国的对外方针政策，在国际交往关系上始终保持战略主动性。

中国属于第三世界国家，同时是一个社会主义大国，这决定中国应当对人类有较大贡献。在毛泽东这个国际战略思想的指导下，中国同一大批亚、非、拉美民族独立国家和欧洲、大洋洲的资本主义国家建交，努力发展友好合作关系，使中国外交工作取得了巨大成就。这些为后来的对外开放方针、政策的实施奠定了坚实的基础。

本章复习要点

1. 中国共产党对创建革命政权的认识来源于马克思列宁主义的国家政权学说，特别在中国共产党诞生之初，有一个认识、学习再到实践逐步提高的过程。中国共产党在建立国家政权的探索历程上，先后经过了“工农苏维埃政权”、“三三制政权”、“民主联合政府”主张、“人民民主政权”等几个阶段，最后发展为人民民主专政理论。

2. 中华人民共和国的成立，标志着中国新民主主义革命的基本胜利，标志着人民民主专政的国家政权已经建立起来。所谓人民民主专政，就是工人阶级（经过共产党）领导的，以工农联盟为基础的，人民民主与对敌人专政相结合，即新型民主和新型专政相统一的国家政权。在人民内部实行民主，对人民的敌人实行专政，这两个方面是分不开的，是相辅相成的。组成人民民主专政国家政权的是：工人阶级、农民阶级、城市小资产阶级和民族资产阶级。在这些阶级中，工人阶级是国家的领导力量，政权的基础是工人阶级、农民阶级和小资产阶级，主要是工人阶级和农民的联盟。民族资产阶级不能充当革命的领导者，也不应当在国家政权中占主要地位。人民民主专政是国家的国体，国家的政体是人民代表大会制度。人民代表大会是国家权力机关，代表人民统一行使国家权力，决定全国和各级地方一切重大事务。

3. 人民民主专政具有中国自己的特点：第一，从阶级专政范围看，人民民主专政把民族资产阶级划分为人民的范畴，而不作为专政的对象。第二，从政党制度看，人民民主专政实行的是中国共产党领导下的多党合作制，而不是一党制。中国共产党是执政党，各民主党派是参政党，没有在野党和反对党。第三，从表述方式看，将民主与专政并列，具有鲜明的中国特色。第四，从发展趋势看，人民民主专政衔接两个革命阶级，顺应了新民主主义革命、社会主义革命和建设发展的需要。

4. 无产阶级专政的历史使命和任务就是保卫无产阶级政权，组织和管理国家经济建设，发展社会生产力，消灭剥削阶级和阶级差别，最终消灭阶级，实现共产主义。

5. 人民国家政权建立以后，中国共产党领导人毛泽东、周恩来从中国人民和世界人民的根本利益出发，将爱国主义与国际主义相结合，确立了一条独立自主、和平共处的外交政策，为新中国的建设和发展创造了一个积极、有利的国际环境。毛泽东关于三个世界划分的理论，使我国的对外方针政策在国际交往关系上保持了战略主动性。

思考题

1. 土地革命战争时期的“工农苏维埃政权”与抗日战争时期的“三三制政权”有何异同？

2. 怎样理解人民民主专政的实质？它的基本内容是什么？

3. 人民民主专政理论作为中国式的国家政权理论思想，它的独创性表现在哪些方面？

4. 我国的对外关系的基本方针和政策是什么？它的特点表现在哪些方面？

5. 如何看待毛泽东关于三个世界划分的理论？它有什么重大意义？

第六章

社会主义改造理论

1949 年 10 月 1 日，毛泽东在天安门城楼上亲手升起第一面五星红旗，向全世界庄严宣告：中华人民共和国成立了！中国历史由此进入一个新纪元。从 1949 年起，中国共产党领导全国人民，彻底完成了民主革命遗留的任务，恢复和发展了国民经济，巩固了人民民主专政，在党的过渡时期总路线的指导下，全面开展了对农业、手工业和资本主义工商业的社会主义改造和以工业化为主要内容的大规模社会主义建设。在这个历史性的转变过程中，以毛泽东为代表的中国共产党人创立了具有中国特色的社会主义改造理论，开辟了一条适合中国国情的社会主义改造道路，实现了从新民主主义到社会主义的伟大转变。到 1956 年，基本上实现了对生产资料私有制的社会主义改造，并提前完成了第一个五年计划，这标志着社会主义制度在我国的确立。

第一节 从新民主主义社会向社会主义社会过渡

一、新民主主义社会的过渡性

新民主主义的政治、经济、文化，由于其都是无产阶级领导的缘故，就都具有社会主义的因素，并且不是普通的因素，而是起决定作用的因素。

——毛泽东

新民主主义社会，是属于社会主义体系，并逐步向社会主义社会发展的过渡性质的社会。毛泽东曾如此描述新民主主义与社会主义的关系：这个社会的前身是封建主义的社会（近百年来成为半殖民地半封建的社会），它的后身是社会主义的社会。

新民主主义社会，在政治上实行工人阶级领导的各个革命阶级联合专政的人民民主专政。在经济上实行在国营经济领导下的合作社经济、个体经济、私人资本主义经济和国家资本主义经济五种经济成分并存的新民主主义经济制度。在文化上实行马克思主义指导下的新民主主义文化，即民主的、科学的、大众的文化。

新民主主义社会是一个带有过渡性质的社会，这是它的重要特点。在新民主主义社会中，虽然存在着社会主义因素和非社会主义因素的彼此斗争，但社会主义因素在经济上和政治上都处于领导地位，是起决定性的因素，这就决定了社会主义因素将不断增长并获得最后胜利。因此，新民主主义社会不是独立的社会形态，而是属于社会主义体系和逐步过渡到社会主义社会的过渡性质的社会。

为什么说新民主主义社会必然要过渡到社会主义社会呢？我们从它的性质和特点可以看出：

第一，新民主主义社会的经济，是实行国营经济领导下的合作社经济、个体经济、私人资本主义经济和国家资本主义经济五种经济成分并存的新民主主义经济制度。政权性质是属于新民主主义政权性质。文化是民族的科学的大众的文化，是马克思主义指导下的新民主主义的文化。

1945年，毛泽东在《论联合政府》中指出，“没有一个新民主主义的联合统一的国家，没有新民主主义的国家经济的发展，没有私人资本主义经济和合作社经济的发展，没有民族的科学的大众的文化即新民主主义文化的发展，没有几万万人民的个性的解放和个性的发展，一句话，没有一个由共产党领导的新式的资产阶级性质的彻底的民主革命，要想在殖民地半殖民地半封建的废墟上建立起社会主义社会来，那只是完全的空想。”

第二，中国革命在全国胜利并且解决了土地问题之后，新民主主义社会的基本矛盾，国内是无产阶级同资产阶级的矛盾，国外是中国同帝国主义国家的矛盾。

新民主主义社会对于私人资本主义采取利用和限制的政策，必然受到资产阶级在各种程度和各种方式上的反抗，限制和反限制将是国家内部阶级斗争的主要方式。帝国主义和一切被推翻的反动阶级也决不甘心于自己的失败，它们必然会对人民共和国进行破坏和颠覆活动。毛泽东在党的七届二中全会上说，中国革命在全国胜利，并且解决土地问题以后，中国还存在着两种基本矛盾。第一种是国内的，即无产阶级和资产阶级的矛盾。第二种是国外的，即中国和帝国主义国家的矛盾。

第三，新民主主义社会是带有过渡性质的社会。在这个社会中，既有社会主义因素，又有资本主义因素，但社会主义因素在经济上和政治上都处于领导地位，是起决定作用的因素。同时，中国社会历史发展的规律也决定了新民主主义社会向社会主义社会转变的客观必然性。

毛泽东在《论联合政府》中说："中国也不可能、因此就不应该企图建立一个纯粹民族资产阶级的旧式民主专政的国家。""在中国的现阶段，在中国人民的任务还是反对民族压迫和封建压迫，在中国社会经济的必要条件还不具备时，中国人民也不可能实现社会主义的国家制度。""有些人不了解共产党人为什么不但不怕资本主义，反而在一定的条件下提倡它的发展。我们的回答是这样简单：拿资本主义的某种发展去代替外国帝国主义和本国封建主义的压迫，不但是一个进步，而且是一个不可避免的过程。它不但有利于资产阶级，同时也有利于无产阶级"。

二、新民主主义向社会主义过渡的条件

在革命胜利以后，迅速地恢复和发展生产，对付国外的帝国主义，使中国稳步地由农业国转变为工业国，把中国建设成一个伟大的社会主义国家。

——毛泽东

新民主主义政治经济的发展为过渡到社会主义创造了条件

中国人民革命的胜利和中华人民共和国的成立，揭开了中国历史的新篇章。领导和组织这场革命取得胜利的中国共产党，成为新中国的执政党，担负起了领导全国各族人民建设新生活的重任。在新中国成立初期，中国共产党和新政权面临着十分严峻的考验。

在军事上，人民解放战争虽已获得基本胜利，但还没有完全结束。国民党还有上百万军队在西南、华南和沿海岛屿负隅顽抗。在新解放地区，国民党在溃逃时遗留下大批残余力量，同当地恶霸势力相勾结，以土匪游击战争的方式企图颠覆人民政权。

在经济上，新中国所继承的是一个十分落后的烂摊子。生产萎缩，交通梗阻，民生困苦，失业众多。特别是由于国民党政府长期滥发纸币，造成物价飞涨、投机猖獗、市场混

乱的局面。

在国际上，妄图称霸全球的美国与中国人民为敌，拒绝承认新中国，并且竭力阻挠其他国家承认新中国，阻挠恢复我国在联合国的合法席位，对新中国在政治上实行孤立，经济上进行封锁，军事上形成包围，妄图把新中国扼杀在摇篮中。

中国共产党自身的队伍也面临着新的考验。全党的工作重心从乡村转移到城市，不仅要学会全新的本领，更重要的是，在进入繁华城市、执掌全国政权、从事和平建设的新的历史条件下，党能不能继续保持同人民群众的血肉联系，继续保持实事求是、谦虚谨慎和艰苦奋斗的优良传统，不被权力、地位和资产阶级的捧场所腐蚀。

中共中央对建国初期的复杂形势和种种困难，始终保持着清醒的头脑。在 1949 年 3 月党的七届二中全会上，毛泽东要求全党务必继续保持谦虚谨慎、不骄不躁、艰苦奋斗的作风，号召全党在革命胜利以后，迅速地恢复和发展生产，对付国外的帝国主义，使中国稳步地由农业国转变为工业国，把中国建设成一个伟大的社会主义国家。他还满怀信心地说："我们不但善于破坏一个旧世界，我们还将善于建设一个新世界。"

1950 年 6 月在北京召开中国共产党第七届中央委员会第三次全体会议。毛泽东向全会作了《为争取国家财政经济状况的基本好转而斗争》的书面报告。会议指出，要获得财政经济状况的根本好转，要用三年左右的时间，创造三个条件，即：土地改革的完成；现有工商业的合理调整；国家机构所需经费的大量节减。毛泽东在会上还作了题为《不要四面出击》的讲话，毛泽东明确指出："我们不要四面出击。四面出击，全国紧张，很不好。我们绝不可树敌太多，必须在一个方面有所让步，有所缓和，集中力量向另一方面进攻。"而当时要集中力量同国民党残余势力、封建地主阶级和帝国主义作斗争。不要四面出击的战略思想，是毛泽东关于抓住事物的主要矛盾、掌握斗争的主要方向、团结大多数人的思想在对敌斗争策略上的运用。中共七届三中全会为三年经济恢复时期党的工作规定了明确的策略路线和行动纲领。这次全会对于迅速战胜财政经济困难，恢复和发展国民经济，有步骤地实现由新民主主义向社会主义转变，具有重大的指导意义。

在新中国成立后的最初几年中，中国共产党领导全国各族人民，井井有条地采取一系列措施，在全国范围内建立起新民主主义的经济和政治制度并逐步完善，国民经济得到了全面恢复和初步发展，人民民主专政得到了巩固，为新民主主义过渡到社会主义创造了条件。具体表现在：

第一，全国的解放和统一，各级地方政权的建立，结束了中国长期分裂和混乱的局面，实现了各族人民的大团结，巩固了人民民主专政，为新中国的建设奠定了政治基础。

1949 年下半年，人民解放军继续向西北、西南和华南进军，至年底，整个大陆除西藏外全部解放。各新解放区在摧毁国民党政权机关的基础上，建立军事管制委员会。军管会在城乡建立各级人民政府，在少数民族地区建立民族自治政府，剿匪反霸，打击反革命活动，恢复生产，社会秩序得到初步稳定。在此基础上，召开各级各界人民代表会议，选举各级地方人民政府。1951 年 5 月 23 日，中央人民政府和西藏地方政府签订了关于和平解放西藏的协议，10 月 26 日，人民解放军进驻拉萨，西藏和平解放。

第二，没收官僚资本，建立社会主义国营经济。国营经济的建立、扩大及在国民经济中领导地位的确立，决定着中国经济发展的社会主义方向，也使人民民主专政有了坚实的经济基础。

中央人民政府确定了对官僚资本企业采取和对待国民党政权机关不同的办法，不打碎它们的机构，而是按照原来的组织机构和生产系统，“保持原职、原薪、原制度”，由军管会先接收下来，实行监督生产，然后逐步地进行民主改革和生产改革。这样，接管工作既做到了快，又防止了乱，基本上没有发生生产停顿或设备破坏的现象，有利于社会秩序的稳定和生产的迅速恢复。到1950年初，合计接管了官僚资本的工矿企业有2 800余家，金融企业2 400余家。它们成为建国初期国营经济的主要部分。同时，人民政府还对帝国主义在华特权进行了彻底的摧毁，废除一切不平等条约，收回长期被帝国主义盘踞的海关，统制对外贸易，实行外汇管理，结束了帝国主义对中国政治、经济等控制权。对其在华企业，分别不同情况，采取管制、征用、征购、代管等措施，逐步收归国有，通过改造，使之成为国营经济的组成部分。

第三，土地改革的完成，彻底消灭了在中国延续了两千多年的封建土地所有制，从根本上改变了广大农民的政治地位和经济地位，巩固了工农联盟，使亿万农民焕发出了前所未有的劳动热情，极大地解放了农村生产力。

1950年6月30日，中央人民政府根据新中国成立后的新情况，颁布了《中华人民共和国土地改革法》，宣布在全国“废除地主阶级封建剥削的土地所有制，实行农民的土地所有制，借以解放农村生产力，发展农业生产，为新中国的工业化开辟道路”。规定了没收、征收和分配土地的原则和办法。将过去征收富农多余土地、财产的政策，改变为保存富农经济的政策，以便更好地孤立地主，保护中农和小土地出租者，稳定民族资产阶级，以利于早日恢复和发展生产。《土地改革法》公布以后，在3.1亿人口的新解放区分期分批地，有领导、有秩序地开展了土改运动，有力地推动了农业生产的恢复和发展。到1953年春，全国除新疆、西藏等少数民族地区以及台湾省外，基本上完成了土地改革任务。

第四，镇压反革命运动，基本上扫除了国民党反动派遗留在大陆上的反革命残余势力，稳定了社会秩序。“三反”“五反”运动，狠狠打击了蜕化变质分子和不法资本家，巩固了人民民主专政，纯洁了党的队伍。

1950年7月23日，政务院和最高人民法院公布了《关于镇压反革命活动的指示》。全国规模的镇压反革命运动的开展，使土匪（匪首、惯匪）、特务、恶霸、反动会道门头子和反动党团骨干等反动势力受到了坚决镇压，镇反运动到1951年10月基本结束。1951年12月1日，中共中央作出《关于实行精兵简政，增产节约，反对贪污，反对浪费和反对官僚主义的决定》。在“三反”运动中，抓住典型重大案件，加以处理，以引起全党的警惕和全社会的重视。中共天津地委前任书记刘青山、现任书记张子善，堕落成为大贪污犯，尽管他们在民主革命中有过功劳，党也决不姑息。经法院判处死刑，执行枪决。1952年1月26日，中共中央发出了《关于在城市中限期展开大规模的坚决彻底的“五反”斗争的指示》，全国大中城市向违法的资本家开展了反对行贿、反对偷税漏税、反对偷工减料、反对盗骗国家财产和反对盗窃国家经济情报的“五反”运动。根据“三反”、“五反”运动发展情况，中央作出了“严肃与宽大相结合，改造与惩治相结合”的方针，规定了对贪污分子和违法工商业者的处理办法。到1952年夏，“三反”“五反”运动胜利结束。

第五，抗美援朝战争的胜利，保卫了新中国的安全，戳穿了美帝国主义纸老虎的本质，鼓舞了我国人民独立自主建设新中国的信心，中国的国际威望空前提高，我国经济建设和社会改革赢得了一个相对稳定的和平环境。

1950年6月25日，朝鲜战争爆发。27日，美国政府宣布武装干涉朝鲜内政，派兵入侵朝鲜，并且不顾我国政府的多次声明和警告，把战火烧到我国东北边境，严重威胁我国的安全。对此，中共中央作出了抗美援朝、保家卫国的战略决策。东北边防军组成中国人民志愿军，由彭德怀任司令员，于10月19日跨过鸭绿江，开赴前线，同朝鲜人民军并肩作战，抗击美国侵略者。从1950年10月到1951年6月，中朝军队一起连续发动了五次攻势战役，把敌军赶回到了三八线附近，扭转了战局，为停战谈判和取得朝鲜战争胜利奠定了基础。此后，又经过两年的时间，中朝军队以革命的两手对付侵略者的反革命两手，终于迫使美国侵略者于1953年7月27日在停战协定上签字。至此，中国人民取得了抗美援朝战争的伟大胜利。在抗美援朝战争中，中朝军队共歼敌109万多人，其中美国侵略军39.7万多人，击毁敌机、敌舰和缴获各种战略物资无数。

第六，物价的稳定和财经的统一，结束了通货膨胀和物价高涨的局面，对安定人民生活，恢复和发展生产，确立国营经济的领导地位，起到了十分重要的作用。毛泽东曾指出，这个胜利的意义，不亚于淮海战役。

新中国成立初期，面对极其困难的财政经济状况，党精心领导了稳定物价和统一财经的重大斗争。首先是“银元之战”。1949年6月，上海军管会断然查封金融投机的大本营“证券大楼”，将投机商200余人逮捕法办，沉重地打击了破坏金融的非法活动。针对投机商囤积粮食、棉纱、棉布和煤炭，哄抬价格，扰乱市场，人民政府又组织了“米棉之战”。在全国范围内进行粮、棉、煤的大规模调运和集中，当11月25日物价上涨最猛的时候，各大城市统一行动，敞开抛售，使物价迅速下跌。同时政府又收紧银根，使投机商资金周转失灵，纷纷破产。投机资本再次受到毁灭性打击，国家由此掌握了市场的领导权。1950年3月，政务院颁布《关于统一国家财政经济工作的决定》，主要内容是：统一全国财政收入；统一全国物资调度；统一全国现金管理。自3月以后，全国财政收支接近平衡，通货膨胀停止，物价日趋稳定。

经过三年的努力，国民经济得到全面恢复和初步发展。在经济恢复的同时，国民经济结构也发生了深刻的变化，这表明我国经济的恢复，不仅有数量的发展，而且有性质上的变化和质量上的提高。

1952年，工农业总产值810亿元，比1949年增长77.5%，比建国前最高水平的1936年增长20%，三年中平均年递增率为21.1%；其中工业总产值比1949年增长145.1%，年递增率为34.8%，农业总产值比1949年增长53.5%，年递增率为15.3%。工农业主要产品的产量超过了建国前最高水平。随着生产的恢复和发展，国家财政收支平衡，结构改善。文教卫生事业得到相应发展，职工、农民收入增加，生活有所改善。1952年同1949年相比，全国职工总数由800万增加到1 600万，全国职工平均工资提高了70%，先后在企业中实行劳动保险制度。在公职人员中实行公费医疗制度。据调查，新中国成立前职工生活水平最高的1936年，全国职工家庭每人每年平均消费额为140元（按1957年价格计算），1952年达到189.5元，增长35%。农民收入1952年同1949年相比，一般增长30%以上。

在经济恢复的同时，国民经济结构发生了深刻的变化。国营经济、私人资本主义经济、个体经济、国家资本主义经济、合作社经济都得到发展。由于国家的支持和社会主义经济的优越性，国营经济发展更为迅速。1949年，社会主义工业在全国工业（不包括手工业）总产值中所占比重为34.7%，1952年上升为56%。另一方面，工业（包括手工业）总产值在全国工农业总产值中的比重，从1949年的30%上升为41.5%。其中现代工业产值由17%上升为26.6%。在工业总产值中，重工业产值的比重由1949年26.4%上升为1952年的35.5%。

新中国成立初期的三年，党和国家在矛盾错综复杂、百废待兴的形势下，抓住了中心工作，正确处理了各种矛盾，建立了从中央到地方的各级政权，巩固了工农联盟，人民民主专政得到了巩固，完成了国民经济的恢复工作，取得了财政经济状况的根本好转，确立了国营经济在国民经济中的领导地位，为新民主主义过渡到社会主义创造了条件，奠定了必要的政治基础和经济基础。

由新民主主义过渡到社会主义的初步设想

在新中国成立前后，毛泽东和党中央对新民主主义如何向社会主义过渡有过许多论述，形成了新民主主义向社会主义过渡的最初设想。

在新中国成立前的很长时间内，中共中央一直设想在新民主主义革命胜利后，先建立一个新民主主义的共和国，经过十几年以至几十年的新民主主义建设，再过渡到社会主义。

新中国成立之初，我们党对进行社会主义革命的问题采取了非常慎重的态度。在人民政协制定《共同纲领》时，有的民主人士建议要在共同纲领里提到社会主义，我们党的领导人都说暂不提。1950年6月，毛泽东在党的七届三中全会上批评了提早消灭资本主义实行社会主义的主张，指出“这种思想是错误的，是不适合我们国家的情况的”。在同月举行的全国政协一届二次会议上，他进一步指出，在全国范围内实行社会主义改造，即实行私营工业国有化和农业社会化，这种时候还在很远的将来。要在国家经济事业和文化事业大为兴盛了以后，在各种条件具备了以后，在全国人民考虑成熟并在大家同意了以后，才可以从容地妥善地走进社会主义的新时期。1952年10月周恩来说：“毛泽东的方针是稳步前进，三年恢复，十年、二十年发展。发展新民主主义经济可能要十年、二十年”。

总之，在新中国成立前后毛泽东和党中央对新民主主义向社会主义过渡的最初设想主要包括三个方面。一是关于过渡时间，认为需要一个相当长的新民主主义建设阶段，一般估计要 15 年或更长的时间。二是关于转变的条件，认为只有先实现了国家工业化，然后才能实行私营工业国有化和农业集体化。三是关于过渡的步骤和方式，认为要经过相当长时期的经济建设，为社会主义准备条件，然后和平地有代价地一举消灭资本主义，进入社会主义。

第二节　党在过渡时期的总路线

一、社会主义建设和社会主义改造同时并举的总路线

根据列宁关于过渡时期的学说，总结了中华人民共和国成立以来的经验，在我国国民经济恢复阶段将要结束的时候，即一九五二年，提出了党在过渡时期的总路线。

——毛泽东

随着国内外形势的发展变化和实际工作的积累，并在苏联社会主义建设事业取得初步成功的强烈示范和鼓舞下，毛泽东和中国共产党提出了过渡时期总路线，加快了从新民主主义向社会主义的转变。

1952 年 9 月，毛泽东在中央书记处一次会议上说，我们现在就要开始用 10 年到 15 年的时间基本上完成到社会主义的过渡，而不是 10 年或者以后才开始过渡。这是酝酿提出过渡时期总路线的开始。10 月，刘少奇在出访苏联期间给斯大林写信，就此征求斯大林的意见，斯大林表示肯定。随后，刘少奇、周恩来都较详细地论述过“从现在逐步过渡到社会主义”的指导思想和大致设想。1953 年 6 月，中央政治局会议对此正式进行了讨论，形成比较完整的表述，毛泽东在会上明确提出了党在过渡时期的总路线和总任务。9 月 24 日，中共中央向全党和全国人民宣布了这条总路线，号召全党全国人民为实现总路线而努力奋斗。12 月，中共中央批准并转发了经毛泽东两次修改过的中央宣传部拟定的《为动员一切力量把我国建设成为一个伟大的社会主义国家而斗争——关于党在过渡时期总路线的学习和宣传提纲》，对总路线的内容作了详细的阐述：从中华人民共和国成立，到社会主义改造基本完成，这是一个过渡时期。党在这个过渡时期的总路线和总任务，是要在一个相当长的时间内，逐步实现国家的社会主义工业化，并逐步实现国家对农业、对手工业和对资本主义工商业的社会主义改造。毛泽东指出，这条总路线是照耀我们各项工作的灯塔。如果离开了它，就要犯右的或“左”的错误。

过渡时期总路线的内容概括地说，就是“一化三改”。“一化”即逐步实现国家的社会主义工业化；“三改”即逐步实现对农业、手工业和资本主义工商业的社会主义改造。它们之间相互联系，不可分离，就好比是鸟的“主体”和“两翼”。“一化”是“主体”，“三

改”是“两翼”，两者相互促进，相辅相成。

社会主义建设和社会主义改造同时并举是过渡时期总路线的特点。没有社会主义工业化主体，社会主义改造的两翼就失去了依附；没有社会主义改造的两翼，社会主义工业化这一主体也飞不起来。只有全面地实现“一化三改造”的伟大任务，我国的社会主义建设和社会主义革命才能取得伟大的胜利。主体与两翼之间的关系，是相互联系、互相促进、互相制约的关系，体现了发展生产力和变革生产关系的有机统一。社会主义改造和社会主义建设的紧密结合，互相支援，大大加快了我国经济发展的速度。

关于过渡时期总路线所需要的时间问题，由于中国生产力发展水平很低，党中央和毛泽东估计，从 1953 年第一个五年计划开始，需要 3 个五年计划的时间，加上国民经济恢复的 3 年，大约 18 年的时间，完成向社会主义过渡。毛泽东一再强调：要稳步前进，一年一小步，五年一大步，三个大步就差不多了。

社会主义建设和社会主义改造的同时并举，是毛泽东思想的一个新创造，是党在历史的关键时刻采取的一个重大战略步骤。它的意义正如《关于建国以来党的若干历史问题的决议》所评价的：“毛泽东同志和中国共产党，依据新民主主义革命胜利所创造的向社会主义过渡的政治经济条件，采取社会主义工业化和社会主义改造同时并举的方针，实行逐步改造生产资料私有制的具体政策，从理论和实践上解决了在中国这样一个占世界人口近四分之一的、经济文化落后的大国中建立社会主义制度的艰难任务。”

二、过渡时期总路线反映了我国社会发展的历史必然性

> 只有经过民主主义，才能到达社会主义，这是马克思主义的天经地义。
>
> ——毛泽东

党在过渡时期的总路线，提出了社会主义建设和社会主义改造同时并举的两大任务，成为全国人民共同为建设一个伟大的社会主义新中国而奋斗的行动纲领和力量源泉，充分反映了我国社会发展的历史必然性。

第一，国家的社会主义工业化，是国家独立和富强的当然要求和必要条件。新中国脱胎于落后的半殖民地半封建社会的基本国情，决定了中国是一个经济文化极其落后的农业国。

建国以后，经过三年的经济恢复，到 1952 年工农业生产恢复到新中国成立前的最高水平，但工农业总产值仍然仅为 827 亿元，现代工业只占工农业总产值的 26.7%。而且，许多工业部门还是空白。毛泽东曾在一次谈话中忧心忡忡地说道：现在我们能造什么？能造桌子椅子，能造茶碗茶壶，能种粮食，还能磨成面粉，还能造纸，但是，一辆汽车、一架飞机、一辆坦克、一辆拖拉机都不能造。

变落后的农业国为先进的工业国，实现社会主义工业化，是建国后党和全国人民的头等大事。只有实现了社会主义工业化，才有农业和国民经济各个部门的现代化，社会主义改造才有强大的物质基础，工农联盟和人民民主专政才能得到巩固，人民的物质文化生活也才能逐步改善，国家的综合实力才能从根本上得到增强，中华民族才能真正屹立于世界民族之林，实现伟大的民族复兴。所以，毛泽东指出：没有工业，便没有巩固的国防，便

没有人民的幸福，便没有国家的富强。

第二，对个体农业、手工业实行社会主义改造，是实现国家社会主义工业化的必然要求和基本保证。随着国民经济的逐步恢复和发展，个体农业和手工业与建设社会主义和发展社会生产力的矛盾日益尖锐地表现出来。

土地制度的改革，消灭了几千年的封建土地所有制，调动了广大农民发展个体经济的积极性，极大地解放了农业生产力。但是，个体农业经济的弊端也开始慢慢地暴露出来。

首先，个体农业经济阻碍着农村生产力的继续发展。一家一户的小农经济，由于资金不足，生产工具落后、缺乏，技术落后，耕作粗放，自给自足，劳动生产率和商品率很低，不仅不能扩大再生产，有的甚至连简单的再生产也不能维持。这种分散落后的个体农业经济制度，不利于发展生产、兴修水利、抗御自然灾害、实现农业机械化和采用其他新技术，势必阻碍农业生产力的发展。

1954 年末，我国农村的贫雇农每户只有 12.5 亩耕地，0.5 头耕畜，1/3 部犁，7%部水车；中农每户也只有 19 亩耕地，约 1 头耕畜，2/3 部犁，13%部水车。

国家统计局 1954 年对 23 个省 15 000 多农户进行的调查表明：平均每户一年购买商品的货币支出，贫雇农为 135 元，用于生产资料的仅有 30 元左右；中农为 200 元左右，用于生产资料的也只有近 80 元。在他们所购买的生产资料中，用于生产工具的资金，贫雇农为 3.5 元，中农为 7.6 元。

其次，个体农业经济阻碍着社会主义工业化的发展。在我们这样一个人口大国，农业有着举足轻重的地位，它是国民经济的基础。农业生产的发展状况和生产力水平的高低直接关系到工业和整个国民经济的发展。随着大规模经济建设的全面展开，要求农业提供越来越多的工业原料、资金及市场。而个体农业的发展状况，与国家社会主义工业化对农业的要求却不相适应，远远不能满足工业化和国民经济快速发展的需要。同时，个体农民收入低微，购买力也十分有限，个体农业经济难以为工业的发展提供丰厚的资金积累和广阔的商品市场。毛泽东深感工业化与农村个体经济的矛盾日益突出，他说：想从小农经济做文章，靠在个体经济基础上行小惠，而希望大量增产粮食，解决粮食问题，解决国计民生的大计，那真是“难矣哉”!

1952 年，刚刚完成土改的农民，生产积极性非常高，农业生产增长很快，但到了 1953 年发展速度就慢下来了，同 1952 年相比，粮食只增长 1.6%，棉花下降了 9.9%。1954 年同 1953 年相比，粮食增长了 2.2%，棉花继续下降 9.3%。据国家统计局 1955 年对 25 个省 16 000 多农户进行的调查，1954 年各类农户生产的粮食的商品率平均只有 25%左右。

个体农业经济制度下的农村两极分化的出现，影响着工农联盟的巩固。当时，有些贫苦农民因生产资料不足，仍然处于贫困之中，一遇天灾人祸，他们就要负债，出租甚至出卖土地、房屋及劳动力，刚刚翻身的贫苦农民又有重新陷入困境的危险。毛泽东说：农村向两极分化的现象必然一天一天严重起来，失去土地的农民和继续处于贫困地位的农民将要埋怨我们，他们将说我们见死不救，不去帮助他们解决困难。向资本主义发展的那些中农也将对我们不满。

据山西省忻县地委对143个村的调查：1949年后，有8 253户农民出卖土地房屋，占总农户的19.55%。该地区静乐县五区19个村，有167户老中农因出卖土地下降为贫农，有471户新中农又下降为贫农，占农村总住户的11%，其中6%～10%的农户成了赤贫户。这正如列宁所指出的：分土地只是在开始的时候是好的，表明土地离开了地主，归农民所有。但这是不够的。只有共耕制才是出路。

个体手工业也同个体农业一样，因为规模小、生产设备和技术落后，资金短缺，生产带有很大的盲目性，劳动生产率低下，也不能适应经济发展的要求和更好地满足人民生活的需要。

以上情况表明，孤立的、分散的、落后的个体农业和手工业，不仅限制着自身的发展，而且与社会主义工业化之间也日益暴露出很大的矛盾。为了进一步解放生产力，为工业化和国民经济的发展奠定坚实的基础，巩固工农联盟和人民民主专政，就必须对个体农业、手工业进行社会主义改造。

最后，对资本主义工商业的社会主义改造，是由当时我国社会的主要矛盾决定的。建国以后，党对资本主义工商业采取利用、限制和改造的方针。一方面，国家需要有利于国计民生的资本主义工商业有一定的发展。资本主义工商业是我国过渡时期的一支十分重要的经济力量，对于发展我国的工业生产，增加国家财政收入，扩大商品流通，繁荣市场和满足消费，有着不可忽视的作用。所以，国家在优先发展国营经济的条件下，实行“公私兼顾、劳资两利”的政策，保护工商业者的合法权益，发挥其有利于国计民生的积极作用。

据统计，1949年全国共有资本主义工业12.3万余户，职工164万余人，占全国工业职工总数的54.6%；生产总值68亿多元，占全部工业总产值的63.3%。1950年私营商业共有402万户，占全国商业总户数的98.4%；从业人员662万人；商业销售总额为182亿元，占全国商业机构批发额的76.1%，零售额的85%。

另一方面，资本主义工商业又具有不利于国计民生的消极作用，国家又要对其进行限制和改造。资本家为了获得更大的利润，经常采取投机倒把、哄抬物价、以次充好、囤积居奇等手段和偷税漏税、偷工减料、行贿和盗窃国家财产等违法行径，破坏市场的稳定，破坏国家的计划和政策。因此，国家同资本主义经济之间，在市场价格、税收、加工订货、统购包销、经销代销和工人的劳动条件、工资待遇等方面，经常进行着限制与反限制的斗争。同时，资本主义工商企业大多规模狭小、技术落后、设备陈旧，扩大再生产的能力很低，影响整个国民经济的发展。随着大规模社会主义经济建设，特别是社会主义工业化的发展，资本主义经济与社会主义经济之间的矛盾、资产阶级与无产阶级之间的矛盾、资本主义企业内部劳资之间的矛盾、资本主义企业之间的矛盾越来越尖锐。

据1950年第一期营业税纳税后税务局的抽查统计，上海在351家纳税户中，有偷税行为的占99%，天津在1 807家纳税户中，有偷税行为的占82%。1950年，上海民丰华丰造纸厂偷漏所得税118万元。

新中国成立后三年来，天津资本家偷工减料的总值达2 612万元。不法资本家竟敢在承办抗美援朝军用物品中偷工减料。天津40多家铁厂承制志愿军修筑工事用的镐和锹17.7万把，他们不按合同中的规定组织生产，用方铁替代中碳钢，用扁铁替代轧板，致使镐一刨就断，锹一用就卷口，严重妨碍了志愿军工事的修筑。武汉福华药棉厂的资本家李寅廷承制前线志愿军受伤官兵用的急救包，领来好棉花5 000千克，竟全部换成废棉，生产的这批急救包中有12万个没有经过消毒，带着化脓菌、破伤风菌、坏疽菌就交了货，情节特别恶劣。

解决工人阶级和资产阶级之间、社会主义道路和资本主义道路之间的矛盾，唯一的出路就是对资本主义工商业实行社会主义改造，改变资本主义生产关系，把资本主义私有制改造成为社会主义全民所有制。

总之，过渡时期总路线的提出是具有现实依据的，是符合我国社会发展的客观需要的，反映了我国由新民主主义向社会主义转变的历史必然。

第三节　适合中国特点的社会主义改造道路

一、对农业和手工业的社会主义改造

> 没有农业社会化，就没有全部的巩固的社会主义。
>
> ——毛泽东

对农业的社会主义改造

从1953年起，在党的领导下，一场广泛而深刻的社会变革在我国稳步展开，这就是对农业、手工业和资本主义工商业的社会主义改造。

我国是一个农业大国，当时有5亿农业人口，把他们引上社会主义集体化的道路，摆脱私有制，有着十分重要的意义。农业是国民经济的基础，个体农业的社会主义改造不仅将对国家工业化产生深刻的影响，也关系到手工业和资本主义工商业的社会主义改造。毛泽东创造性地运用并发展了马克思列宁主义关于个体农业社会主义改造的思想，结合中国具体的实际，创立了具有中国特色的农业社会主义改造的理论。

对于个体农业的社会主义改造，恩格斯和列宁曾经作过一些设想和论述。1894年恩

格斯在《法德农民问题》中指出，当我们掌握了国家政权的时候，我们决不会考虑用暴力去剥夺小农（不论有无报偿，都是一样），像我们将不得不如此对待大土地占有者那样。我们对于小农的任务，首先是把他们的私人生产和私人占有变为合作社的生产和占有，不是采用暴力，而是通过示范和为此提供社会帮助。这里的“大土地占有者”指的是地主。十月革命胜利后，列宁进一步发展了恩格斯的思想。1923 年他在《论合作社》中指出，我们要解决的任务的确就只剩下实现居民的合作化了。文明的合作社工作者的制度就是社会主义的制度。他还提出了用“公社”“劳动组合”“协作社”等集体农业形式，作为改造个体农业、过渡到社会主义的办法。他特别强调，必须遵循农民自愿、国家帮助、典型示范等原则来实行农业合作。

我国个体农业的社会主义改造，是通过农业合作化的道路，采取由低级到高级的互助组、初级农业生产合作社、高级农业生产合作社的形式，逐步地把个体私有制的小农经济改造成为公有制的集体所有制经济。这是一条从中国实际情况出发的具有我国农业社会主义改造特点的道路。

根据马克思列宁主义关于不能剥夺农民，只能通过合作经济引导他们走向社会主义的原理，毛泽东所创立的具有中国特色的农业社会主义改造的理论，经历了一个由基本形成到继续完善，再到进一步发展的历史过程。大致可以分为三个阶段：

第一，组织农业生产互助组阶段。为实现农业合作化，国家采取典型示范、说服教育、国家帮助的方法，在自愿互利的原则下，把个体农民组织起来，共同使用某些生产资料，形成农业生产互助组，这是最低层次的农业合作化组织。农业互助组这种组织形式，虽然仍是生产资料私有、个体经营，但是已经具有社会主义萌芽的性质。

全国各地根据“趁热打铁”的方针，广泛地开展农村互助合作运动。土改后，根据农民中既有单干的积极性又有走互助合作道路的积极性，国家及时地组织农民参加临时互助组或常年互助组。1950 年全国共有互助组 250 多万个，参加互助组的农户占总农户的 10%左右。1951 年有了迅速的发展，全国互助组达到 460 多万个，组织起来的农户占总农户的 19%左右。1952 年，全国互助组发展到 830 多万个，占全国农户总数的 40%。农业互助组起到了相互帮助的作用，克服了农忙时劳动力紧张的状况。

由于互助组仍是分散经营的，集体劳动与分散经营之间存在着尖锐的矛盾。为了解决这一矛盾，巩固农业合作化，中共中央在广泛组织互助组的同时，又积极探索，在全国试办了 300 个初级农业生产合作社。1951 年 9 月，党中央召开第一次农业互助合作会议，制定了《关于农业生产互助合作的决议（草案）》。1952 年，各地根据决议，试办了 3 600 多个初级农业生产合作社。初级农业生产合作社的农业产量普遍地超过互助组，体现出明显的优越性。

第二，组织初级农业生产合作社阶段。在互助组的基础上，进一步实行土地入股、统一经营、统一核算和分配，社员的收入大部分来自劳动所得，但仍有一部分来自于土地分红和生产资料入股的报酬，因而这种初级农业生产合作社具有半社会主义性质。这时，土地和某些生产资料的所有权仍然属于私有。从 1953 年初到 1955 年上半年，全国兴起了以办初级农业生产合作社为中心的农业互助合作运动。

1955年3月，中共中央农村工作部向党中央提出了农业合作化的规划。计划到1960年将80%以上的农户组织到初级农业生产合作社中，然后再用六七年时间完成由初级社向高级社的过渡，即在第三个五年计划期间完成农业社会主义改造的历史任务。同时还提出，到1956年春，农业生产合作社发展到100万个。这个计划于5月得到了党中央的批准。但是，这个计划受到了毛泽东的批评。毛泽东认为，到1956年春，合作社应当由65万个发展到130万个。目前合作社发展速度不是快了，而是落在了群众运动的后面，应当有个大发展，才能跟上客观形势。并指出，合作化的高潮有的地区已经到来，在全国也即将到来。

第三，建立高级农业生产合作社阶段。即在初级农业生产合作社基础上，进一步发展为除社员的家庭副业和少量的生产资料外，土地耕畜、大型农具等生产资料都成为合作社的公共财产，取消了土地分红和生产资料报酬，实行按劳分配的社会主义性质的合作社。

1955年7月，毛泽东在中共中央召开的省市委书记会议上，作了《关于农业合作化问题》报告。在报告中，毛泽东阐述了合作化运动中一系列的重大问题，提出了中国的农业改造可以先合作化后机械化的观点，确定了依靠贫农和下中农，团结中农的阶级路线。毛泽东《关于农业合作化问题》的报告，是促进农业合作化运动的一个纲领性文件。1955年10月，党召开了七届六中全会。全会根据毛泽东的《关于农业合作化问题》的报告，通过了《关于农业合作化问题的决议》。由此，一场波澜壮阔的农业合作化运动在全国范围内出现了。在这之后的一年多时间内，全国兴起合作化运动高潮。到1956年底，入社农户占全国农户的96.3%，其中参加高级社的农户占全国总农户的87.8%，大多数农民参加了高级社，普遍地扩大了社的规模，将二三十户的初级社合并为二三百户的高级社。全国基本上实现了农业社会主义改造。

中国农村自1952年进入互助合作社化以来，农业生产稳步上升。1956年，虽然农村遭受了严重的自然灾害，受灾面积为2.3亿亩，受灾人口达7 000万人，但农业仍然保持增产。农业总产值达到508.4亿元，粮食产量19 275万吨，棉花产量144.5万吨，油料产量455.6万吨。同1952年相比，农业总产值增加21.9%，粮食产量增加17.6%，棉花产量增加10.8%，油料产量增加22.2%。

在合作化运动中，也出现了要求过急、改变过快、工作过粗、形式过于简单划一的缺点和偏差。在改造速度上，过快过急，许多初级社未经整顿就跨入高级社，有的还越过初级社直接进入高级社。在合作形式上，过于简单划一，搞“一刀切”，从而超越了生产力发展的实际要求；在工作方法上，不少地方违背了自愿互利原则，有命令主义、强迫入社的做法；在经营管理上，过于强调集中统一，搞单一经营、平均分配。这些都不同程度地挫伤了农民的积极性，影响了合作社优越性更好的发挥。但是总的来说，这些缺点和偏差同在一个几亿人口的大国比较顺利地完成如此复杂、困难的社会变革所取得的成绩相比，毕竟是次要的。

我国的农业社会主义改造对农村生产力不但没有破坏，而且连续获得了农业生产的丰收，粮食产量逐年上升。所以我国的农业社会主义改造是比较成功的。我国仅仅用了四五年的时间，就完成了5亿农民从小农私有制向社会主义集体所有制转变的任务，这是一个伟大的创举。其基本经验有：

第一，采取“趁热打铁”方针，及时地领导农民走上互助合作的道路。这是在土地改革后，制止农村两极分化、巩固工农联盟、正确解决国家的工业化与个体小农经济矛盾的最好办法。

第二，采取由互助组、初级合作社到高级合作社这样的由低级到高级的形式，逐步引导个体农民走上合作化道路。由社会主义萌芽的互助组，到半社会主义性质的初级合作社再到完全社会主义性质的高级合作社，这就是逐步实现对个体农业进行社会主义改造的道路。这既能让农民逐步适应、自然地接受社会主义集体所有制，又可以避免由于生产关系突然变化而引起的农业生产力的破坏。

第三，坚持积极领导、稳步前进的方针。既反对放任自流的右倾思想，又反对急躁冒进的“左”倾思想。农业合作化运动就是在不断克服“左”、右两种错误倾向的斗争中健康发展的。

第四，遵循自愿互利、典型示范和国家帮助的原则。即，让农民通过自己的实际观察和比较分析，认识到合作化的优越性，从而在国家的帮助下，自觉自愿地走社会主义道路。

对手工业的社会主义改造

在对农业进行社会主义改造的同时，党对手工业也实行了改造，引导手工业者走上了合作化的道路。毛泽东和党中央总结了建国前后有关手工业社会主义改造的丰富经验，于1953年形成了手工业社会主义改造的理论，并在以后的实践中得到继续发展。

我国的手工业，行业众多，产品丰富，工艺精湛，有着悠久的历史，有不少品牌驰名中外。我国的手工业和城乡消费者、对外贸易等都有着十分密切的关系，手工业在国民经济中占有重要的地位。1952年，我国手工业产值在工农业总产值中占13%，农民当时所需要的生产资料和生活资料，约有60%～80%为手工业产品。手工业的从业人员也相当多，1954年全国约有891万人，其中个体手工业770万人。另外还有农民兼手工业者1 000多万人。新中国成立后的国民经济恢复时期，经过重点试办和典型示范，发展了一批手工业供销合作社和生产合作社。到1952年手工业合作社（组）员有23万人。

1953年底，朱德在全国第三次手工业生产合作会议上作了题为《把手工业者组织起来，走社会主义道路》的报告。1954年6月，中共中央批准了这次会议的报告，并发布了《加强对手工业工作的领导》的指示。朱德的报告和中央的指示，比较全面完整地阐述了党对手工业进行社会主义改造的理论。首先，认为个体手工业是小商品经济，任其自流发展，势必会出现两极分化，同时个体手工业者和个体农民一样，既是私有者又是劳动者，他们也有走社会主义道路的积极性，新中国成立前后手工业合作社的建立和发展，又提供了宝贵的经验。因此，手工业社会主义改造，不仅是必要的，而且是可能的。同时，阐明了手工业社会主义改造的方针、形式、方法和步骤。党对手工业进行社会主义改造的方针是“积极领导，稳步前进”。组织形式是：临时性的、带有社会主义萌芽性质的手工业供销小组；统一领导、统一经营、分散生产的半社会主义性质的手工业供销合作社；生产资料集体所有、集体生产劳动、按劳分配的社会主义性质的工业生产合作社。方法步骤是：先从供销入手，再实行生产改造；从小到大、由低级到高级逐步发展。

1955 年底，全国手工业合作社（组）发展到 6.8 万个，入社人数达 220 万，占手工业总人数的 26.9%。在农业合作化高潮的推动下，1956 年春，全国手工业社会主义改造出现了迅猛发展的高潮。年底，参加手工业合作社（组）的有 603 万人，组织合作社（组）10 多万个，其中生产合作社 7.4 万个，组织起来的手工业者占总人数的 91.7%。1956 年，全国手工业总产值达 117 亿元，人均年产值为1 702元（比 1955 年增长 33.5%）。

1956 年底，我国基本上实现了手工业的社会主义改造。

手工业社会主义改造同农业改造一样，也出现过要求过急、工作过粗、改变过快、形式过于简单划一的错误和偏差。但是，手工业社会主义改造的成绩是主要的。手工业社会主义改造的完成，促进了手工业生产的发展，并为手工业逐步进行技术改造创造了条件。手工业社会主义改造的成功经验是：

第一，坚持统筹兼顾，全面安排，积极领导，稳步前进的方针。

第二，采取由手工业供销组，到手工业供销合作社，再到手工业生产合作社，从低级到高级的形式逐步引导手工业者走上合作化的道路。

第三，保护和发展具有民族特色、工艺精湛的工艺美术品行业。

二、对资本主义工商业的社会主义改造

> 经过国家资本主义完成对私营工商业的社会主义改造，是较健全的方针和办法。
>
> ——毛泽东

党中央和毛泽东创造性地运用马克思关于无产阶级在一定条件下可以对资产阶级采取赎买和列宁关于在无产阶级专政下可以采取国家资本主义政策的思想，制定了对资本主义工商业利用、限制和改造的政策，通过国家资本主义的道路，逐步把资本主义私有制转变为社会主义全民所有制，将资产阶级改造成为自食其力的劳动者。第一次成功地实现了对民族资产阶级的和平改造与赎买，开创了一条对资本主义工商业实行社会主义改造的道路，把马克思、恩格斯和列宁的设想变成了现实。

马克思曾经多次向恩格斯讲过，如果能用赎买的办法“摆脱”资本主义私有制，那对于我们是最便宜不过的事情了。恩格斯还提出可以直接用纸币赎买的办法。列宁在俄国十月革命胜利后，发展了马克思的这一思想，提出实行国家资本主义的计划，把租让制和租借制作为国家资本主义两种主要的具体形式。但由于俄国资产阶级的反动性和当时的国际环境，资产阶级不愿意接受这一政策，使得第一次（1918 年）计划完全没有实现。第二

次（1921年）计划也成效甚微。俄国资产阶级甚至勾结帝国主义发动反革命内战，企图推翻苏维埃政权。苏维埃政权不得不采取暴力的手段，没收了资本家的全部财产，正如毛泽东所说：俄国无产阶级没有别的办法，只好干掉他。

中国对资本主义工商业实行和平赎买的基本依据是：

第一，我国民族资产阶级两面性的特点，使对资本主义工商业实行和平赎买具有可能性。在过渡时期，中国的民族资产阶级仍然具有两面性，它既有剥削工人阶级取得利润的一面，又有拥护宪法愿意接受社会主义改造的一面，他们在拥护工人阶级领导、抗美援朝、土改、支援国家建设等方面都起过积极作用。通过斗争和教育，完全可以把资本主义工商业引向社会主义改造的道路。

第二，强大的社会主义优势，是我国实现对资本主义工商业社会主义改造的根本保证。一方面，有了得到全体劳动人民拥护和支持的人民民主专政的国家政权，工人阶级与农民阶级有着巩固的工农联盟，形成了强大的政治力量，不怕民族资产阶级造反，是对民族资产阶级实行赎买政策的政治基础。另一方面，我国在没收官僚资本的基础上，建立了国营经济。日益壮大并在国民经济中居于领导地位的社会主义国营经济，是我们对民族资产阶级实行赎买政策的经济基础。

对资本主义工商业进行社会主义改造，是中共中央早已确定的一项重要方针。在国民经济恢复时期，通过限制与反限制的斗争，对资本主义工商业进行了初步的改造。但完整地提出"利用、限制、改造"的政策，并且通过国家资本主义的道路，逐步实现对资本主义工商业的社会主义改造，是在1953年上半年。1953年三四月间，李维汉率领中央统战部调查组，到武汉、上海、南京等地进行历时一个多月的调查，写了《资本主义工业中的公私关系问题》等几个调查报告。5月，李维汉就此给党中央和毛泽东写了信。调查报告和这封信，根据三年多来对资本主义工商业实行利用限制政策的经验及其存在的问题，向中央提出了加强党的统一领导，积极发展国家资本主义，并经过国家资本主义改造资本主义工业的建议。6月召开的中央政治局会议，肯定了这个建议，后形成《中共中央关于利用、限制、改造资本主义工商业的意见》。明确规定了党对资本主义工商业的根本方针是利用、限制和改造，其主要形式是国家资本主义。1954年的宪法，又以法律的形式规定了这一方针及其具体内容。

国家资本主义，是和国家政权相结合并受国家政权控制的一种资本主义经济。对资本主义工商业的和平改造是通过国家资本主义途径实现的，采取了从初级到高级的国家资本主义形式，逐步引导民族工商业纳入国家资本主义轨道，最后以生产资料的全民所有制代替资本主义的私有制。初级形式的国家资本主义有：委托加工、计划订货、统购包销、委托经销代销等，国家只控制原料的供应、产品的计划和销售，企业内部仍然是资本主义性质的。高级形式的国家资本主义有：个别企业的公私合营和全行业的公私合营。高级形式的国家资本主义，改变了企业的资本主义性质，使企业成为半社会主义的或社会主义的企业。

公私合营，指的是个别企业公私合营。即由国家向某个私营企业投资，并派干部参加管理的公私两家合营。这种公私合营的企业还没有完全消灭资本主义的生产资料私有制，企业中仍然存在两种所有制的对立，公私之间、劳资之间的矛盾仍然没有彻底解决。要解决这个问题，就要把个别企业的公私合营发展为全行业公私合营。

全行业公私合营就是打破厂与厂、企业与企业的界限，按照地区和行业，对私营企业全部实行公私合营，组织到一个统一的企业单位中去，在统一领导下统一管理和经营，统一生产，统一调配人力、物力、财力，统一计算企业盈亏。在分红问题上，国家对私股实行支付固定股息的制度，资本家按照合营时的私股份额每年领取固定息率5%的“定息”。这样资本家同生产资料的所有权分离了，从而使企业的生产资料的支配权和所有权完全属于国家。这样的企业，实际上是社会主义性质的国家企业。到了后来，按照商定的期限将“定息”取消，就变成了完全的社会主义公有制的国营企业了。

我国对资产阶级的赎买是逐步进行的。在全行业合营以前，赎买的方式是“四马分肥”，允许他们取得一定的利润。“四马分肥”指民族资本主义企业每年的利润按国家所得税、企业公积金、工人福利奖金和资方的股息红利这四方面进行分配。1956年全行业公私合营以后，“四马分肥”被定息制度所代替。对资产阶级的这种赎买，不仅是必要的，而且对工人阶级也是最为有利的。因为我们虽然付出一定的代价，却换得了资本家所有制的消灭，它使我们避免了生产关系变革中容易带来的破坏，完整地接收了资本主义企业，而又充分地利用了这些企业在满足人民和国家需要上的作用。

我国对资本主义工商业的改造，大体经历了两个历史阶段：从1949年到1955年上半年为止的初级形式的国家资本主义阶段；1955年下半年到1956年的高级形式的国家资本主义阶段。1955年下半年，在农业社会主义改造高潮的推动下，开始试行全行业的公私合营。1955年10月，毛泽东邀请中华全国工商业联合会执行委员会的委员座谈，听取他们对资本主义工商业改造的意见，鼓励他们认清社会发展规律，自觉接受社会主义改造。11月，中共中央作出了《关于资本主义工商业社会主义改造问题决议》（以下简称《决议》)。《决议》指出：“我们对于资产阶级，第一是用赎买和国家资本主义的方法，有偿地而不是无偿地，逐步地而不是突然地改变资产阶级的所有制；第二是在改造他们的同时，给予他们以必要的安排；第三是不剥夺资产阶级的选举权，并且对于他们中间积极拥护社会主义改造而在这个改造事业中有所贡献的代表人物给予适当的政治安排。”《决议》确定，把资本主义工商业的改造从个别企业的公私合营推进到全行业的公私合营。

到1956年1月10日，北京首先宣布全部实现了全行业的公私合营，紧接着全国范围内迅速掀起了全行业的公私合营的高潮。天津、上海、武汉、广州等大城市以及50多个中等城市都在短短的一两个月内，先后实现了全行业的公私合营。到年底，全国原有的88 000家私营工厂有99%实现了所有制改造，除少数转为地方国营工业外，其余则改组成了33 000多个公私合营企业，全国原有的240万户私营商业有80.2%实现了改造。

1956年底，资本主义工商业的社会主义改造基本完成。我国资本主义工商业社会主义改造取得了丰富而宝贵的经验，主要是：

第一，把民族资本主义工商业同官僚资本主义企业区别开来，采取不同的政策。对官僚资本主义企业采取了无偿剥夺、全部没收的政策，使之成为国家的财产；对民族资本主义工商业则采取了利用、限制、改造的方针，通过和平改造的办法，把资本主义经济纳入国家资本主义轨道，逐步改造成为社会主义经济。

第二，创造了符合我国实际情况的由低级到高级的国家资本主义形式，开辟了逐步地而不是突然地改变资产阶级私有制的途径，实现了对资产阶级的和平赎买，丰富了马克思主义关于国家资本主义的理论。

第三，把改造资本主义企业和改造资本家结合起来，在改造资本主义工商业的同时，采取教育的方法，逐步地改造资本家，把他们由原来的剥削者改造成为自食其力的劳动者。

在一个几亿人口的大国，在社会很少震动的情况下，较快地完成了和平改造资本主义私有制的历史使命，国家总共只付出30多亿的代价，就成功地赎买了整个民族资产阶级，实现了马克思、列宁的设想，这是国际共产主义运动史上的伟大创举，在理论上和实践上丰富和发展了马克思列宁主义。

三、社会主义制度在中国的确立

在搞社会主义方面，毛泽东主席的最大功劳是将马克思列宁主义的普遍真理同中国革命的具体实践结合起来。我们最成功的是社会主义改造。

——邓小平

社会主义改造胜利完成的伟大意义

从1953年到1956年，全国绝大部分地区基本上完成了对生产资料私有制的社会主义改造。在几年的时间内，顺利地消灭了剥削制度，废除了沿袭几千年的私有制，实现了社会主义公有制。社会主义改造的完成，促进了整个国民经济的发展。这正如《关于建国以来党的若干历史问题的决议》所说："在一个几亿人口的大国中比较顺利地实现了如此复杂、困难和深刻的社会变革，促进了工农业和整个国民经济的发展，这的确是伟大的历史性胜利。"社会主义改造的完成，具有伟大而深远的历史意义：

第一，社会主义改造的完成，标志着社会主义基本经济制度的确立。社会主义改造的胜利，使中国的社会经济结构发生了根本变化，社会主义公有制经济已经占绝对统治地位，建立起了社会主义的经济制度，实现了最深刻的社会变革，奠定了中国进步和发展的良好基础。在1956年国民收入中，国营经济占32.2%，合作社经济占53.4%，公私合营经济占7.3%。三者合计，公有制经济占92.9%。在工业总产值中，社会主义工业占67.5%，国家资本主义工业占32.5%，资本主义工业下降到接近于零。这表明，社会主义经济已成为国民经济的主体经济成分，社会主义经济制度已经在我国建立起来，中国已经从新民主主义社会进入到社会主义社会初级阶段。

社会主义改造始终紧紧围绕发展生产力这个中心，在变革旧有生产关系的过程中，努力保护和促进生产力的发展。对资本主义工商业的和平赎买，目的就是充分利用中国民族资产阶级的历史遗产，保护好这部分生产力，并将它改造成为社会主义的先进生产力。在农业合作化的过程中，我们采取了从初级社再到高级社的过渡形式，使中国的农民逐步适应生产关系的变革，其根本目的仍然是为了解放和发展生产力。社会主义改造不仅没有引起大的社会动荡以致造成生产力的破坏，反而调动了人民群众的积极性，促进了生产力的发展，为开展大规模的社会主义建设创造了前提，这的确是一个伟大的创举。

第二，有中国特点的社会主义改造理论，丰富和发展了马克思主义的理论。中国共产党从本国的实际出发，创造了对农业、手工业和资本主义工商业实行社会主义改造的一系列从低级到高级逐步过渡的形式，成功地实现了马克思和列宁对资产阶级和平赎买的设想，这是国际共产主义运动史上的创举，是对马克思主义理论的丰富和发展。

第一个五年计划的完成加强了我国社会主义的经济基础

在进行社会主义改造的同时，根据过渡时期总路线制定的社会主义改造和社会主义建设同时并举的方针，1953年1月1日，党和政府通过《人民日报》社论宣告：我国开始执行国家建设的第一个五年计划。这个计划，是全国人民为实现过渡时期总任务而奋斗的带有决定意义的纲领，是和平的经济建设和文化建设的计划。

第一个五年计划的基本任务是：集中主要力量进行以苏联帮助我国设计的156个建设项目为中心的、由694个大中型建设项目组成的工业建设，以建立我国社会主义工业化的初步基础；发展部分集体所有制的农业生产合作社，并发展手工业生产合作社，以建立对农业和手工业社会主义改造的初步基础；基本上把资本主义工商业分别纳入到各种形式的国家资本主义的轨道，以建立对私营工商业社会主义改造的基础。

第一个五年计划是实现党在过渡时期总路线规定的总任务的至关重要的战略步骤。在“一五”计划宏伟目标的鼓舞下，在党的领导下，全国掀起了大规模、有计划的经济建设高潮。经过我们自己的努力和苏联等友好国家的支援，“一五”计划于1956年提前完成。

“一五”计划期间，全国基本建设投资550亿元，新增固定资产492亿元，相当于1952年全国拥有的固定资产原值的1.9倍。

全国的工业总产值比1952年增加128.3%，平均每年增长18%。工业总产值在工农业总产值中所占的比重由1952年的41.5%上升到56.5%。一批为国家工业化所必需而过去又非常薄弱的基础工业建立起来，中国第一座飞机制造厂试制成功第一架喷气式飞机，中国第一座制造机床的沈阳第一机床厂建成投产，中国第一座生产电子管的工厂北京电子管厂正式投产。

1957年农业生产总值比1952年增长25%，平均每年增长4.5%。

交通运输发展迅速，新建铁路33条，修复3条，1957年全国铁路通车里程比1952年增长22%，武汉长江大桥的建成，使铁路从此可以纵贯全国；全国公路通车里程比1952年增加1倍，青藏、康藏、新藏公路建成通车，沟通了西藏和内地的联系。

文化教育科技事业有较大的发展，高等院校由1952年的181所增加到1957年的229所，增长了26.5%。全国共建科研机构580多个，研究人员比1952年增加2倍多。

卫生事业也有很大成就，到1957年，全国县县有医院，乡乡有诊所。

"一五"计划期间，我国经济发展比较快，效果比较好，重要经济部门之间的比例比较协调，市场繁荣，物价稳定，人民生活显著改善，我国社会主义的经济基础得到了加强。

社会主义改造和"一五"计划的胜利完成，标志着社会主义制度在中国的确立。这正如江泽民《在庆祝中国共产党成立八十周年大会上的讲话》所指出："我们创造性地实现了由新民主主义到社会主义的转变，全面确立了社会主义的基本制度，使占世界人口四分之一的东方大国进入了社会主义社会。这是中国社会变革和历史进步的巨大飞跃，也极大地支持和推进了世界社会主义事业。"

本章复习要点

1. 新民主主义社会，是属于社会主义体系，并逐步向社会主义社会发展的过渡性质的社会。在新民主主义社会中，虽然存在着社会主义因素和非社会主义因素的彼此斗争，但社会主义因素在经济上和政治上处于领导地位，是起决定作用的因素，这就决定了社会主义因素将不断增长并获得最后胜利。新民主主义社会是一个带有过渡性质的社会，这是它的重要特点。

2. 新民主主义政治经济的发展，为新民主主义过渡到社会主义创造了条件。政治上，实现了人民的解放和国家的统一，建立了从中央到地方的各级政权，完成了土地改革，开展了镇压反革命和"三反""五反"运动，取得了抗美援朝战争的胜利，人民民主专政得到了巩固；经济上，没收官僚资本，完成了国民经济的恢复，取得了财政经济状况的根本好转，确立了国营经济在国民经济中的领导地位。在建国前后，毛泽东和党中央提出了新民主主义向社会主义过渡的最初设想，认为需要一个相当长的新民主主义建设阶段，为社会主义准备条件，只有先实现了国家工业化，然后才能和平地有代价地消灭资本主义，实行私营工业国有化和农业集体化，进入社会主义。

3. 新中国成立后，我国社会政治经济生活中出现和积累了一些新的问题和矛盾，在农村，分散落后的个体经济难以满足城市和工业对粮食和农产原料的不断增长的需要，两极分化重新出现；在城市，工业化的大规模发展使工人阶级和国营经济同资产阶级之间限制和反限制的矛盾进一步加剧。正是在这样的背景下，毛泽东和党中央提出了党在过渡时期的总路线。党在过渡时期的总路线的主要内容是：要在一个相当长的时间内，逐步实现国家的社会主义工业化，并逐步实现国家对农业、对手工业和对资本主义工商业的社会主义改造。社会主义建设和社会主义改造同时并举是过渡时期总路线的特点，两者之间是相互联系、相互促进、相互制约的关系，体现了发展生产力和变革生产关系的有机统一。

4. 国家的社会主义工业化，是国家独立和富强的当然要求和必要条件。只有实现了社会主义工业化，才有农业和国民经济各个部门的现代化，社会主义改造才有强大的物质基础，工农联盟和人民民主专政才能得到巩固，人民的物质文化生活也才能逐步改善，国家的综合实力才能从根本上得到增强，中华民族才能真正屹立于世界民族之林，实现伟大的民族复兴。对个体农业、手工业和资本主义工商业实行社会主义改造，既是生产关系要适应生产力发展这一客观规律的必然要求，也是实现国家社会主义工业化的迫切需要和基本保证。

5. 我国个体农业的社会主义改造，是通过农业合作化的道路，采取由低级到高级的互助组、初级农业生产合作社、高级农业生产合作社的形式，逐步地把个体私有制的小农经济改造成为公有制的集体所有制经济。对手工业的改造采取由手工业供销组，到手工业供销合作社，再到手工业生产合作社，从低级到高级的形式逐步引导手工业者走上合作化的道路。对资本主义工商业采取利用、限制和改造的政策，通过国家资本主义的道路，逐步把资本主义私有制转变为社会主义全民所有制，将资产阶级改造成为自食其力的劳动者。

6. 社会主义改造的完成，具有伟大而深远的历史意义。标志着社会主义基本经济制度的确立；解放和发展了生产力；创造了对农业、手工业和资本主义工商业实行社会主义改造的一系列从低级到高级逐步过渡的形式，成功地实现了马克思和列宁对资产阶级和平赎买的设想，这是国际共产主义运动史上的创举，是对马克思主义理论的丰富和发展。社会主义改造和"一五"计划的胜利完成，标志着社会主义制度在中国的确立。

思考题

1. 怎样理解中国由新民主主义向社会主义过渡的历史必然性?

2. 党在过渡时期为什么要实行社会主义建设和社会主义改造同时并举的总路线?

3. 有中国特色的社会主义改造理论的主要内容是什么? 完成社会主义改造的历史意义是什么?

第七章

社会主义建设理论

在一个经济、文化比较落后的东方大国，如何建设社会主义？这是20世纪社会主义发展史上的一个重大课题。以毛泽东为核心的党的第一代领导集体进行了艰苦探索。由于在这方面没有经验，开始只得照抄苏联经验。这在当时是完全必要的，同时又是一个缺点，缺乏创造性。1956年上半年，毛泽东正式提出了“以苏为鉴”的思想，开始探索一条适合中国情况的社会主义建设道路，取得了一系列的积极成果，可是仍然没有摆脱“苏联模式”。但是，它毕竟是良好的开端，并取得了重要理论成果，为中国特色社会主义建设理论的形成奠定了坚实的理论基础。

第一节　社会主义建设道路的探索

一、以苏联为鉴戒，走中国自己的建设道路

> 特别值得注意的是，最近苏联方面暴露了他们在建设社会主义过程中的一些缺点和错误，他们走过的弯路，你还想走？过去我们就是鉴于他们的经验教训，少走了一些弯路，现在当然更要引以为戒。
>
> ——毛泽东

中国社会主义建设道路的提出与实践

1956年我国社会主义改造基本完成，实现了从新民主主义向社会主义的转变，开始进入全面建设社会主义的新的历史时期。在中国这样一个人口众多、经济文化十分落后、各地发展极不平衡的东方大国，如何建设社会主义，是以毛泽东为代表的中国共产党人所面临的一个全新的课题。我国从1953年开始的国家第一个五年计划建设，在许多方面，主要是工业（特别是重工业）、计划管理、金融、统计等方面基本上照搬了苏联的经验，即采用了苏联模式。

当时这样做的主要原因在于：第一，第二次世界大战后，世界上出现了分别以美、苏为代表的资本主义和社会主义两大阵营的尖锐对立，以美国为首的资本主义国家对新中国实行封锁、禁运和遏制的政策，而社会主义的苏联则给新中国以援助和支持。第二，苏联是世界上第一个社会主义国家，它在工业化建设中所取得的高速度发展，显示了苏联模式的威力，而这种模式又适应了新中国在工业化初期着重发展重工业的需要。正因为这样，我国在20世纪50年代初期选择苏联模式，是必然的。“苏联的今天，就是我们的明天”，成为当时我国各族人民的理想追求和奋斗目标。

但是，到了1956年上半年，毛泽东却提出以苏联为鉴戒，另辟蹊径，正式向全党全国提出了探索中国社会主义建设道路的任务。为什么会发生这么大的变化呢？主要原因是：第一，1953年斯大林逝世后，特别是1956年2月苏共二十大前后，苏联方面暴露了他们在社会主义建设中的一些缺点和错误，揭示了苏联模式存在的一些弊端，如国民经济比例严重失调、管理制度高度集中统一等。同时，苏共二十大破除了对斯大林和苏联模式的迷信，极大地解放了人们的思想，促使我们党重新审视苏联模式，逐渐地认识到照搬苏联经验是个缺点，并不完全适合中国的国情。正如毛泽东后来所说：在经济建设上照抄苏联，在当时是完全必要的，同时又是一个缺点，缺乏创造性，缺乏独立自主的能力，不是

长久之计，应另辟蹊径。第二，从1953年开始的第一个五年计划的大规模经济建设，使党在领导经济建设方面积累了一些经验，为探索适合中国国情的社会主义建设道路奠定了实践基础。第三，我国对农业、手工业和资本主义工商业的社会主义改造接近完成，中国社会即将实现由新民主主义向社会主义的转变，时代向党提出了探索适合中国国情的社会主义道路、领导全国各族人民进行全面的社会主义建设的任务。上述原因说明，在1956年上半年毛泽东正式提出探索适合中国国情的社会主义建设道路的任务，不是偶然的。

其实，早在1955年底，在中央领导集体的小范围内，毛泽东就率先提出了“以苏为鉴”，探索中国自己的社会主义建设道路的任务。接着毛泽东等进行了大量的调查研究工作。1956年2月至4月，毛泽东先后听取了国务院34个部委（员会）、办（公室）负责人的汇报。5月，他又亲自为中共中央起草了《中央关于各省市区党委向中央汇报工作的具体安排的通知》及《补充通知》，要求各地向中央汇报包括经济、干部、统一战线等11个方面的问题。他还采纳李富春的建议，通知全国工业交通运输部门约200个到300个重要工厂、建设工地，向中央写书面汇报材料。这是新中国成立以来一次大规模的调查研究，也是一次深入地对我国社会主义建设经验的总结。

在这次调查研究的基础上，1956年4月，毛泽东在中共中央政治局扩大会议上作了《论十大关系》的报告，正式提出了探索中国社会主义建设道路的任务。毛泽东论述的“十大关系”是：重工业和轻工业、农业的关系；沿海工业和内地工业的关系；经济建设和国防建设的关系；国家、生产单位和生产者个人的关系；中央和地方的关系；汉族和少数民族的关系；党和非党的关系；革命和反革命的关系；是非关系；中国和外国的关系。其中前五个关系是关于经济方面的，后五个关系是关于政治方面的。《论十大关系》报告的内容主要有：第一，以苏为鉴，走自己的建设道路。报告开宗明义地提出：最近苏联方面暴露了他们在建设社会主义过程中的一些缺点和错误，他们走过的弯路，你还想走？对此，我们要“引以为戒”。毛泽东后来说：《论十大关系》开始提出自己的建设路线，原则和苏联相同，但方法有所不同，有我们自己的一套内容。又说：十大关系的基本观点是同苏联作比较，除了苏联办法以外，是否可以找到别的办法比苏联、比东欧各国搞得更快更好。第二，确定了我国社会主义建设的基本方针。毛泽东在总结我国经济建设的经验和以苏联经验为鉴戒的基础上，提出了我国社会主义建设的基本方针，就是要把国内外一切积极因素调动起来，为社会主义事业服务。第三，提出中国工业化道路的问题。鉴于苏联忽视农业、轻工业，片面强调重工业，造成农轻重发展不平衡的教训，报告提出今后我国的经济建设应该适当调整，更好地发展农业、轻工业，更多地利用和发展沿海工业，尽量降低军政费用的比重，多搞经济建设。这些思想实际上涉及中国工业化的道路问题。第四，开始涉及经济体制改革问题。报告论述了国家、生产单位和生产者个人的关系，中央和地方的关系，实际上已涉及对过分集中的经济体制进行改革的问题。第五，提出学习外国长处和把马克思主义普遍原理同中国具体实际相结合的问题。报告提出，一切民族、一切国家的长处都要学，政治、经济、科学、技术、文化、艺术的一切真正好的东西都要学。但是，必须有分析有批判地学，不能盲目地学，不能一切照抄，机械搬用。他们的短处、缺点，当然不要学。对于苏联和其他社会主义国家的经验，也应采取这样的态度。报告还提出，抵制和批判外国资产阶级的腐朽东西，并不妨碍我们去学习资本主义国家的先进的科学技术和企业管理方法中合乎科学的东西。工业发达国家的企业，用人少，效率高，会做生意，这些都应当有原则地好好学过来，以利于改造我们的工作。总之，毛泽东的《论十大关系》初步总结了我国社会主义建设的经验，提出了探索适合中国国情的社会主义建设道路的任务，是毛泽东关于社会主义建设理论的代表作。正如邓小平 1975 年在给毛泽东的信中所说：这篇东西太重要了，对当前和今后都有很大的针对性和理论指导意义。

继毛泽东在《论十大关系》中正式提出走中国自己的社会主义建设道路任务之后，1956 年 9 月召开的中共八大正确地分析了国内外形势和国内主要矛盾的变化，指出：由于社会主义改造已经取得决定性的胜利，我国无产阶级同资产阶级之间的矛盾已经基本上解决，国内的主要矛盾，已经是人民对建设先进的工业国的要求同落后的农业国的现实之间的矛盾，已经是人民对于经济文化迅速发展的需要同当前经济文化不能满足人民需要的状况之间的矛盾。并提出了党在今后的根本任务，就是集中力量发展社会生产力，把我国尽快地从落后的农业国变为先进的工业国。此外，八大还制定了经济、政治、文化和外交等方面的方针和政策，取得了探索中国社会主义建设道路的重要成果。

随后，以毛泽东为代表的中国共产党人又从经济建设、经济体制改革、民主政治建设、思想文化建设等各方面，进一步探索中国社会主义建设道路问题。其中，1957 年 2 月毛泽东发表《关于正确处理人民内部矛盾的问题》重要讲话，提出关于社会主义社会矛盾的学说，取得了探索中国社会主义建设道路的新成果。之后，由于我们党在社会主义条件下的阶级斗争问题和社会主义建设的规模、速度问题上，一再发生严重失误，使得探索中国社会主义建设道路的过程中出现严重曲折，进而走上歧途，导致“文化大革命”的发生。

中国社会主义建设的基本方针

以毛泽东为代表的中国共产党人一贯认为，中国革命的根本问题是解放和发展生产力，建立一个独立、自由、民主、统一和富强的新中国。

早在抗日战争时期，毛泽东在中共七大《论联合政府》政治报告中就指出，中国一切政党的政策及其实践在中国人民中所表现的作用的好坏、大小，归根到底，看它对于中国社会的生产力的发展是否有帮助及帮助大小，看它是束缚生产力的，还是解放生产力的。同时，他还指出，只有消灭日本侵略者，实现土地改革，解放农民，发展现代工业，建立独立、自由、民主、统一和富强的新中国，才能使中国社会生产力获得解放。新中国成立前夕，毛泽东在中共七届二中全会的报告中，明确提出了党的工作重心必须由乡村转移到城市，在城市和已经建立了人民民主专政并解决了土地问题的乡村，必须以生产建设为中心的问题。1954 年 6 月，毛泽东在《关于中华人民共和国宪法草案》的讲话中指出，我们的总目标是要团结一切可以团结和应当团结的力量，为建设一个伟大的社会主义国家而奋斗。可见，无论是在新民主主义革命时期，还是在从新民主主义向社会主义过渡时期，以毛泽东为代表的中国共产党人都在思考中国的建设问题，并且已经有了调动国内外一切积极因素，把我国建设成为一个现代化的社会主义强国的思想。

随着全面建设社会主义时期的到来，毛泽东在《论十大关系》中明确指出，围绕着一个基本方针，为社会主义事业服务，为把我国建议成为一个强大的社会主义国家而奋斗。在《关于正确处理人民内部矛盾的问题》中，毛泽东进一步阐述了上述方针，指出在民主革命和社会主义改造基本完成后，我们的根本任务已经由解放生产力变为在新的生产关系下面保护和发展生产力。要正确处理各种矛盾，团结各族人民发展经济和文化，建设现代化的社会主义强国。由此可见，调动一切积极因素，建设现代化的社会主义强国，既是中国社会主义建设的基本方针和指导思想，也是探索中国社会主义建设道路的出发点和目的。

正确认识中国开展社会主义建设的国情

为了贯彻和实行调动一切积极因素，建设现代化的社会主义强国的基本方针，必须正确认识中国国情。

第一，中国已经进入社会主义社会，但社会主义制度还不巩固，不完善，处在不发达的社会主义阶段。

中共八大前后，毛泽东多次指出：我国社会主义制度已经基本建立起来了，但还没有完全建成，还不完全巩固。社会主义生产关系已经建立起来，但又还很不完善；社会主义上层建筑也存在着薄弱环节。因此，毛泽东认为，社会主义制度的完全建成和完全巩固，不仅需要时间，更需要充分发展社会生产力，使社会主义经济制度和政治制度获得比较充分的物质基础。后来，毛泽东读苏联《政治经济学教科书》时，把社会主义划分为两个阶段，指出第一个阶段是不发达的社会主义，第二个阶段是比较发达的社会主义。后一个阶段可能比第一个阶段需要更长的时间。他认为，中国现在处在不发达的社会主义阶段。

第二，中国是一个人口多、底子薄、经济文化落后的不发达国家。毛泽东用“一穷二白”来比喻中国的国情。“穷”，就是没有多少工业，农业也不发达。“白”，就是一张白纸，文化水平、科学水平都不高。之后，毛泽东又指出：中国是一个大国，人口多，底子薄，经济文化落后，生产力不发达，也很不平衡，这是我国的基本国情，是我们考虑一切问题的基本出发点。他非常强调，要改善这种状况，要使我国生产力很快地发展起来，要赶上和超过世界最先进的资本主义国家，没有一百多年的时间，是不行的。

第三，国内阶级矛盾已经基本解决，人民对于经济文化迅速发展的需要同当前经济文化不能满足人民需要的状况之间的矛盾，成为国内的主要矛盾。这是中共八大作出的正确结论，是完全符合中国实际情况的。

毛泽东在《关于正确处理人民内部矛盾的问题》讲话中，又进一步阐述了这一思想。他说：革命时期的大规模的急风暴雨式的群众斗争已经基本结束（但阶级斗争还没有完全结束，在一定范围内仍然存在），社会生产和社会需要之间的矛盾将会长期存在，我们的根本任务已经由解放生产力变为在新的生产关系下保护和发展生产力。因此，他认为我国已处在转变时期：由阶级斗争到向自然斗争，由革命到建设，由过去的革命到技术革命和文化革命。他还号召，把党的工作着重点转到技术革命和社会主义建设上来。

上述对中国国情的正确认识，是探索中国社会主义建设道路的立足点。

二、探索社会主义建设道路的理论依据

> 在这个时候，我们提出划分敌我和人民内部两类矛盾的界线，提出正确处理人民内部矛盾的问题，以便团结全国各族人民进行一场新的战争——向自然界开战，发展我们的经济，发展我们的文化……建设我们的新国家，就是十分必要的了。
>
> ——毛泽东

社会主义社会的基本矛盾学说

社会主义还有没有矛盾？社会主义制度下生产关系和生产力、上层建筑和经济基础之间还有没有矛盾？国际共产主义运动史上并没有解决这一问题。这是摆在人们面前的一个十分尖锐而又迫切需要解答的重要理论问题。

1956年2月苏共二十大后，毛泽东借鉴苏联社会主义建设的经验教训，联系我国前进中遇到的问题，对于社会主义社会的基本矛盾、两类不同性质的矛盾等一系列重大问题进行了深入思考，逐步形成了社会主义社会矛盾学说。

1957年2月，毛泽东发表《关于正确处理人民内部矛盾的问题》的讲话，系统地阐述了社会主义社会基本矛盾的学说。其主要内容是：

第一，社会主义社会同样充满着矛盾，正是这些矛盾推动着社会主义社会向前发展。毛泽东指出，在社会主义社会中，基本的矛盾仍然是生产关系和生产力之间的矛盾，上层建筑和经济基础之间的矛盾。这一论断体现了矛盾的普遍性，贯彻了唯物史观，坚持了辩证法，科学地说明了社会主义社会的客观历史进程及其发展的基本动力。

第二，社会主义社会的基本矛盾，是非对抗性质的。毛泽东指出，社会主义社会的基本矛盾同旧社会的生产关系和生产力、上层建筑和经济基础的基本矛盾，是“具有根本不同性质和情况”。社会主义社会的基本矛盾是在生产关系和生产力基本适应、上层建筑和经济基础基本适应条件下的矛盾，是在人民利益一致基础上的矛盾。因此，它不是对抗性的矛盾，而是非对抗性的矛盾。

第三，社会主义社会的基本矛盾运动，具有“又相适应又相矛盾”的特点。毛泽东指出，社会主义生产关系已经建立起来，它和生产力的发展是相适应的；但是，它又不很完善，这些不完善的方面和生产力的发展又是相矛盾的。除了生产关系和生产力发展的这种既相适应又相矛盾的情况以外，还有上层建筑和经济基础又相适应又相矛盾的情况。

第四，经过社会主义制度的本身，使社会主义基本矛盾不断地得到解决。毛泽东指出，资本主义社会的基本矛盾表现为剧烈的对抗和冲突，表现为剧烈的阶级斗争，这种矛盾不可能由资本主义本身来解决，而只能用社会主义革命才能加以解决。而社会主义社会的基本矛盾则是另一回事，它不是对抗性的矛盾，它可以经过社会主义制度本身不断地得到解决。这就是说，解决社会主义社会的基本矛盾的途径和办法，不是要动摇、背离或推

翻社会主义制度，而是要在共产党和人民政府的领导下，依据社会主义生产力发展的状况和要求，依靠社会主义制度本身的力量，依靠广大人民群众的实践，有领导、有步骤、有秩序地对生产关系不适应生产力的一面、上层建筑不适应经济基础的一面进行调整和改革，使之更好地适应生产力的发展。

毛泽东关于社会主义社会基本矛盾的学说，揭示了社会主义社会发展的一般规律，为社会主义社会的改革提供了理论依据。

社会主义社会的两类社会矛盾学说

我国在社会主义改造基本完成后，阶级状况发生了根本性的变化，无产阶级同资产阶级之间的矛盾已经基本上解决，各族人民在中国共产党领导下，团结一致为建设一个伟大的社会主义现代化强国而奋斗。但是，这并不是说在社会主义社会里已经没有矛盾了，恰恰相反，社会矛盾并没有消失。如果处理不好，便会干扰社会主义建设。毛泽东极为重视研究社会主义社会的矛盾问题，并在《关于正确处理人民内部矛盾的问题》中，系统地阐述了社会主义社会的两类社会矛盾学说。其主要内容是：

第一，社会主义社会存在着两类不同性质的矛盾，我们要严格区分两类不同性质的矛盾。毛泽东指出，在我们面前有两类社会矛盾，这就是敌我矛盾和人民内部矛盾。这是性质完全不同的两类矛盾。人民内部的矛盾，在劳动人民之间说来，是非对抗性的矛盾。

毛泽东还特别指出，在我国，由于民族资产阶级的两面性，工人阶级同民族资产阶级的矛盾属于人民内部的矛盾。毛泽东还提醒人们注意两类不同性质矛盾的转化问题，认为两类不同性质的矛盾是客观存在的，但不是固定不变的，在一定条件下两类不同性质的矛盾是可以互相转化的。因此，要严格区分和正确处理两类不同性质的矛盾，特别是要正确处理好已经属于主导地位的人民内部矛盾，这对于发展社会主义事业具有极其重要的意义。

第二，提出了正确处理两类社会矛盾的基本方针和具体方针。毛泽东指出，敌我之间和人民内部这两类矛盾的性质不同，解决的方法也不同。简单地说，前者是分清敌我的问题，后者是分清是非的问题。在人民民主专政下，解决敌我之间的矛盾，采用专政的办法；解决人民内部矛盾，采用民主的办法。

毛泽东还把解决人民内部矛盾的民主方法，概括成一个公式：团结——批评——团结。即从团结的愿望出发，经过批评或者斗争，使矛盾得到解决，从而在新的基础上达到新的团结。他还根据党执政以来的经验，提出了正确处理人民内部矛盾的各项方针和政策，即在经济建设上，实行“统筹兼顾，适当安排”的方针；在科学文化领域里，实行“百花齐放，百家争鸣”的方针；在共产党和民主党派的关系上，实行“长期共存，互相监督”的方针；在民族之间的关系上，实行民族平等、团结互助的方针，以及团结、教育知识分子的方针，加强政治思想工作的方针，等等。上述这些方针和政策，都是用民主的方法解决人民内部矛盾这一总方针的具体化。它们为解决我国社会存在着的不同形式的人民内部矛盾指明了方向。

第三，要把正确处理人民内部矛盾作为国家政治生活的主题。毛泽东强调指出，正确区分和处理两类社会矛盾，特别是正确处理大量表现出来的人民内部矛盾，其目的在于团结全国各族人民进行一场新的战争——向自然界开战，发展我们的经济，发展我们的文化，巩固我们的新制度，建设我们的新国家。

毛泽东关于严格区分和正确处理两类社会矛盾的学说，具有十分重大的意义。其一，它为正确处理社会主义社会的各种矛盾，协调人与人之间的社会关系，创造有利于生产力发展的良好社会环境和政治局面，提供了基本理论依据。其二，它以完整的理论形态、独创性的内容，丰富了马克思主义的理论宝库。

第二节 社会主义经济、政治和文化建设

一、社会主义经济建设

> 我们的根本任务已经由解放生产力变为在新的生产关系下面保护和发展生产力。
>
> ——毛泽东

中国社会主义建设的目标、步骤和方针

以毛泽东为代表的中国共产党人在领导社会主义经济建设的过程中，在总结我国和苏联正反两方面历史经验的基础上，对于我国社会主义建设的奋斗目标是逐步明确的。早在1949年3月中共中央七届二中全会上，毛泽东就提出了要逐步把中国由落后的农业国变成先进的工业国的要求。新中国成立后，中国人民在国民经济恢复的基础上，大规模的经济建设随即展开，中国共产党人关于我国社会主义建设的战略目标的提法，便由单一的实现工业化逐步改变为实现工业、农业、国防和科学技术“四个现代化”。

“四个现代化”的提出，经历了一个过程。1953年8月，毛泽东在修改、审定中共中央宣传部起草的党在过渡时期总路线的学习和宣传提纲时，曾提出“社会主义工业化”“促进农业和交通运输业的现代化”“建立和巩固现代化的国防”。根据毛泽东的这个思想，1954年9月周恩来在第一届全国人民代表大会第一次会议上明确宣布：要在我国“建设起强大的现代化的工业、现代化的农业、现代化的交通运输业和现代化的国防”。1957年初，毛泽东在《关于正确处理人民内部矛盾的问题》和在全国宣传工作会议上的讲话中，都提到要把我国建设成为一个具有现代工业、现代农业和现代科学文化的社会主义国家。把“现代科学文化”与现代工业、现代农业并提，表明毛泽东等领导人充分认识到现代科学文化在整个国家现代化建设中的地位和作用。同时，他们认为工业包括交通运输业在内，因此，不再单独提交通运输业现代化了。1959年底到1960年初，毛泽东指出，建

设社会主义，就必须实现工业现代化、农业现代化、科学文化现代化和国防现代化。随后，周恩来将“科学文化现代化”改称“科学技术现代化”。至此，“四个现代化”的表述便固定下来了。

1964年12月，周恩来根据毛泽东的提议，在三届全国人大上正式宣布：今后发展国民经济的主要任务，就是要在不太长的历史时期内，把我国建设成为一个现代农业、现代工业、现代国防和现代科学技术的社会主义强国。从此，实现四个现代化就成为我国社会主义建设的发展目标，成为鼓舞全国各族人民团结奋斗的一面旗帜。

在确立发展目标的同时，毛泽东也提出了实现目标的大概时间和战略步骤。1955年3月，他在全国人民代表大会上指出：我国情况复杂，经济又很落后，要建成社会主义社会，并不是轻而易举的事。我们可能经过三个五年计划建成社会主义，但要建成一个强大的高度的社会主义工业化的国家，需要几十年的艰苦努力，比如说需要有五十年的时间。1955年10月，他在扩大的中共中央七届七中全会上说：大约在五十年至七十年的时间内，即十个五年计划到十五个五年计划的时间内，可能建成一个强大的社会主义国家。1956年9月，毛泽东又说：要使中国变成富强的国家，须要五十年到一百年的时间。但是，在1958年到1960年的“大跃进”期间，由于犯了急于求成的错误，结果造成国民经济的重大损失。经过挫折，毛泽东又恢复了比较稳妥的估计。1961年9月，他会见英国蒙哥马利元帅时说：中国建成强大的社会主义经济，五十年不行，需要一百年，或者更多的时间。

1963年9月，中央工作会议在讨论国民经济发展的长远规划时，根据毛泽东的意见，提出了两步走的发展步骤：第一步，建立一个独立的、比较完整的工业体系和国民经济体系；第二步，全面实现农业、工业、国防和科学技术的现代化，使我国经济走在世界前列。

在领导国家经济建设中，以毛泽东为代表的中国共产党人逐步形成了关于我国经济建设的指导方针。其中最主要的，是在综合平衡中稳步前进的经济建设方针。这一方针是在反冒进的过程中制定的。

在同月召开的中央工作会议上，周恩来提出了既反保守又反冒进，在综合平衡中稳步前进的经济建设方针。9月，他在有关报告中，根据实施“一五”计划的经验教训，对这个经济建设方针作了详尽的说明。他说：第一，应根据需要和可能，合理规定国民经济发展的速度，把计划放在既积极又稳妥可靠的基础上，以保证国民经济比较均衡的发展。第二，应该使重点建设和全面安排相结合，以便国民经济各部门能够按比例地发展。第三，增加后备力量，健全物资储备制度。第四，正确处理经济和财政的关系。中共八大接受了周恩来报告的基本总结，肯定了我国经济发展既反保守又反冒进，坚持在综合平衡中稳步前进的社会主义经济建设方针。

我国经济建设的另一个重要方针，是以自力更生为主，争取外援为辅的方针。毛泽东多次强调，一切要从中国的实际出发，走中国自己的建设道路，主要依靠中国人民自己的智慧和力量，要自力更生，艰苦奋斗。同时，也要积极争取外援，开展与外国的经济交流，引进外国的先进技术、设备和资金，学习外国的长处和好的经验。

中国工业化道路的思想

如何正确处理发展重工业与发展农业、轻工业的关系，是实现工业化中所必须面对的重要问题。在此问题上，苏联片面注重重工业发展，在一定程度上牺牲了农业和轻工业，导致了严重的问题。毛泽东在借鉴苏联经验教训的基础上，深入调查和研究中国的经济建设实际，在1956年4月发表的《论十大关系》和1957年2月发表的《关于正确处理人民内部矛盾的问题》等文章和谈话中，提出了关于中国工业化道路的思想，即：以工业为主导，以农业为基础，以农、轻、重为序，作为发展国民经济的总方针。其具体内容是：

第一，不能机械照搬外国的经验，必须从中国是一个农业大国的国情出发。中国是一个农业大国，农村人口占全国人口的80%以上。农业是国民经济的基础。农业和农民的情况如何，对我国经济的发展和政权的巩固关系极大。

毛泽东在各省市自治区党委书记会上的讲话中，从六个方面阐述了农业对工业和整个国民经济的重要性，即：农业关系到5亿农村人口的吃饭穿衣问题；农业关系到城市和工矿人口的吃饭穿衣问题；农业与轻工业的关系极其密切；农村是重工业的重要市场；农副产品是我国的重要出口产品；农业是积累的重要来源。因此，毛泽东强调，在一定意义上可以说，农业就是工业。

第二，要正确处理农、轻、重的关系，充分重视发展农业和轻工业。毛泽东提出，中国工业化道路的问题，主要是指重工业、轻工业和农业的发展关系问题。

为了把握好重工业与农业、轻工业的关系，毛泽东指出，要适当调整重工业和农业、轻工业的投资比重，在更多地发展农业和轻工业的基础上发展重工业。要按照农、轻、重次序，安排国民经济和实行工业和农业并举、重工业和轻工业并举的方针。

第三，要正确处理好沿海工业和内地工业的关系，经济建设和国防建设的关系，国家、生产单位和生产者个人的关系。毛泽东指出，根据我国经济建设的实际情况，我们要更好地利用和发展沿海工业老底子，以便更有力量来发展和支持内地工业。国防建设的水平取决于经济建设的水平，要加强国防，就一定要首先加强经济建设，这是一个战略方针问题。在我国，国家、集体与劳动者个人利益，从根本上说是一致的，但它们之间又有差别和矛盾。因此，毛泽东提出了正确处理三者利益关系的“三兼顾”原则，即必须兼顾国家、集体和个人三方面。这是我国经济建设的一条重要经验。

总之，毛泽东关于中国工业化道路的思想，丰富和发展了马克思列宁主义的理论宝库，为我国社会主义工业化指明了方向。

中国经济、管理体制改革的思考

1956年苏共二十大以后，毛泽东借鉴苏联的经验教训，对社会主义经济体制问题进行了探索，初步提出了一些改革旧的过于集中统一的经济体制、管理体制的重要思想。

关于经济体制改革的思考。公有制是社会主义制度的主要特征，搞社会主义必须坚持公有制。但在中国的国情下，社会主义制度建立之后是不是只能搞单一公有制，不能有任何非公有制经济存在？对这个问题，以毛泽东为代表的中国共产党人处于探索思考之中。

陈云在中共八大上提出关于社会主义经济制度实行“三个主体、三个补充”的设想，即工商业经营方面，以国营和集体经营为主体，一定数量的个体经营为补充；在生产计划方面，计划生产是工农业生产的主体，在国家计划范围内的自由生产为补充；在市场方面，国家市场是主体，一定范围的自由市场为补充。陈云的这个设想，不仅突破了苏联高度集中统一的计划经济模式，而且涉及允许非公有制经济成分合法存在并充分发挥其作用的问题。这个设想为中共八大决议所采纳。

中共八大后，由于党和国家着手对经济关系进行调整，因此国内自由市场比较活跃，个体工商业户显著增加，开始出现了少数自发经营的规模较大的工商企业（所谓“地下工厂”“地下商店”）。1956 年 12 月，毛泽东在约见民建、工商联负责人的谈话中，提出了“可以消灭了资本主义，又搞资本主义”的重要思想。他说：现在国营、合营企业不能满足社会需要，私人可以开厂，可以开私营大厂，订条约，十年二十年不没收，华侨投资二十年，一百年不要没收，可以开投资公司。可以消灭了资本主义，又搞资本主义。对此他称之为“新经济政策”。随后，刘少奇在第一届全国人大常委会上说，我们国家有百分之九十几的社会主义，有百分之几的资本主义，我看也不怕，它是社会主义经济的一个补充，它还可以在某些方面同社会主义作比较。周恩来也在国务院会议上指出，主流是社会主义，小的给些自由，这样可以帮助社会主义发展。1957 年 9 月、10 月召开的中共八届三中全会，通过了关于改进工业管理体制、商业管理体制和财政体制的三个文件，作出了扩大地方和企业权力的一些具体规定。这些思想和措施，无疑是对社会主义必须是单一公有制的苏联模式有所突破。

与此同时，邓子恢对农村集体经济内部关系提出调整意见，主要在生产经营方面，实行“大的集中，小的分散”；在生产资料处理方面，实行“主要公有，次要私有”。他还提出，合作社对生产队实行“包工、包产、包财务”，超产提成，减产扣分，生产队对生产组实行按片按季包工到组，田间零活包工到户，偏远山区也可以包产到组、到户，大活集体干，小活分开干。这种农业生产责任制在合作化后期即已出现，60 年代初一度盛行。邓小平也明确指出，在生产关系上不能完全采取一种固定不变的形式，究竟以什么形式为最好，恐怕要采取这样一种态度，就是哪种形式在哪个地方能够比较容易比较快地恢复和发展农业生产，就采取哪种形式；群众愿意采取哪种形式，就应该采取哪种形式，不合法的使它合法起来。他还引用四川谚语“黄猫、黑猫，只要捉住老鼠就是好猫”，来说明上述道理。以上这些关于农业生产责任制的探索和实践，实际上成为 1978 年农村改革的先声。

关于经济运行机制的思考。1956 年 4 月，毛泽东在《论十大关系》中明确指出，为了建设一个强大的社会主义国家，必须有中央的强有力的统一领导，必须有全国的统一计划和统一纪律，破坏这种必要的统一，是不允许的。同时，又必须充分发挥地方的积极性，各地都要有适合当地情况的特殊性，扩大一点地方的权力，让地方办更多的事情。这对于我们建设强大的社会主义国家比较有利。

毛泽东还提出了企业的“独立性”问题。他说：把什么东西统统都集中在中央或县市，不给工厂一点权力，一点机动的余地，一点利益，恐怕不妥。中央部门管的和地方各级管的企业，都在统一领导和统一计划下，具有一定的自治权。有没有这种自治权，对促进生产的发展，还是阻碍生产的发展，关系很大。

1956年6月，中共中央召开体制改革会议，拟订了改进体制的初步方案。周恩来在会上系统阐述了改进体制的意义、原则和方法。中共八大后，陈云主持体制改革工作，在充分调查研究的基础上，分别制定了关于改进工业、商业和财政的管理体制的规定。其基本精神是：适当调整中央与地方、国家与企业之间的关系，把一部分工业管理、商业管理、财政管理的权力下放给地方行政机关和工矿企业，以便更好地调动和发挥地方和企业的积极性。

此外，毛泽东等还对企业内部的改革问题提出了一些有价值的思想。1958年1月，毛泽东主持制定的《工作方法六十条（草案）》提出，干部要以普通劳动者姿态出现，与工人建立平等的关系，要改革束缚群众积极性的不合理的规章制度。1959年底到1960年初，在读苏联《政治经济学教科书》时，毛泽东指出，所有制问题基本解决以后，最重要的问题是管理问题，也就是人与人之间的关系问题。要采取干部参加劳动，工人参加管理，不断改革不合理的规章制度，工人群众、领导干部和技术人员三结合，即"两参一改三结合"的制度。1960年3月，在转发中共鞍山市委一份报告的批示中，毛泽东再次强调了"两参一改三结合"的问题，并称之为中国工人阶级创造的有别于苏联"马钢宪法"的"鞍钢宪法"，使之在一段时间里成为我国企业的重要管理制度。

关于发展商品生产、利用价值规律的思考。在纠正1958年"共产风"的错误中，毛泽东严肃指出，只要还存在两种所有制，商品生产和商品交换就极其必要，极其有用。商品生产不能与资本主义混为一谈。

商品生产和资本主义制度相联系，是资本主义商品生产，同社会主义制度相联系，就是社会主义商品生产。毛泽东还说，中国原来是一个商品生产很不发达的国家，比印度、巴西还落后，需要有一个发展商品生产的阶段，商品生产和商品交换应该有一个很大的发展。

1959年2月召开中共中央政治局扩大会议，毛泽东在会上指出：价值规律是客观存在的经济法则。我们对于社会产品，只能实行等价交换，不能实行无偿占有，违反了这一点，终究是不行的。同年3月，他在一个批示中写道：价值规律是一个伟大学校，只有利用它，才有可能教会我们的几千万干部和几万万人民，才有可能建设我们的社会主义和共产主义，否则一切都不可能。毛泽东关于商品生产和利用价值规律的思想，对当时社会主义建设发挥了重要的指导作用。

二、社会主义政治建设

> 我们的目标，是想造成一个又有集中又有民主，又有纪律又有自由，又有统一意志、又有个人心情舒畅、生动活泼，那样一种政治局面，以利于社会主义革命和社会主义建设……
>
> ——毛泽东

人民代表大会制度

中国共产党根据马克思主义的国家学说和无产阶级专政的历史经验，结合我国人民革命斗争和革命根据地政权建设的经验，创造性地解决了我国人民民主专政的组织形式即政体问题，在我国建立了人民代表大会制度。早在1949年9月召开的中国人民政治协商会议第一次会议通过的《共同纲领》确认：国家最高政权机关为全国人民代表大会。1954年9月，第一届全国人民代表大会第一次会议通过的《中华人民共和国宪法》明确规定，人民代表大会制度为人民民主专政的组织形式，全国人民代表大会为中华人民共和国最高权力机关。

人民代表大会制度是我国的根本政治制度。这是因为：第一，这个制度能够全面、直接地反映我们国家的本质，从根本上实现人民当家做主的权力。我国国体是工人阶级领导的，以工农联盟为基础的人民民主专政。因此，在政体上必须采用人民代表大会的政权组织形式，从而把工人阶级和全体劳动群众组织起来，建设社会主义，而决不允许采用任何独裁专断或西方的议会制、三权分立的政权组织形式。第二，这个制度决定国家的其他制度和社会生活的各个方面。人民代表大会制度产生后，全国人大和地方各级人大，作为人民行使国家权力的机关，构成从中央到地方的权力系统，代表人民管理国家。人民代表大会制度是我国各项政治制度建立、巩固和发展的政治、法律依据和保障。全国人民代表大会所通过的宪法、法律和决议，任何国家机关、政党、人民团体和一切企事业单位及任何个人都必须遵照执行。第三，这个制度是实现社会主义民主的基本形式。它代表全体人民全面地、全权地行使国家权力，是人民管理自己国家的最好的政治组织形式。

在人民代表大会制度应该采取什么原则的问题上，从1954年第一届人民代表大会开始，民主集中制一直载入宪法，作为我国政权组织的原则。这是因为：第一，人民民主专政的国家政权必须以广泛的民主为基础，才能保证人民当家做主的权力，才能吸收广大群众的意见，制定出符合国情和社会主义发展规律的路线、方针和政策，才能有效地对敌人专政。第二，人民民主专政的国家政权又必须实行集中，以便把人民群众分散的、零星的意见集中起来，形成国家意志，并以国家的权力保证其贯彻实施，才能体现国家权力机关的权威和号召力。

我国人民代表大会制度有着自己的鲜明特点和优点：第一，人民代表大会制度体现了一切权力属于人民的原则，能够充分地发扬最广泛的人民民主，吸引广大人民群众参加国家管理，行使当家做主的权力。第二，人民代表大会制度充分体现了民主集中制原则，既保证国家权力的统一，又使国家机关分工合作、密切配合，既能保证中央集中统一领导，又能充分发挥地方的主动性和积极性。第三，人民代表大会制度有利于实现党对国家事务的领导，有利于国家的统一和稳定，是建设社会主义民主的重要途径和形式。第四，人民代表大会制度采取协商和表决相结合的原则，有利于保证国家重大决策的正确性和科学性，有利于巩固安定团结的政治局面。

共产党领导的多党合作和政治协商制度

中国共产党领导的多党合作和政治协商制度，是我国的基本政党制度。这一政党制度既与西方资本主义国家的多党制、两党制有本质的区别，又不同于某些社会主义国家（如苏联）实行的一党制，而是在中国共产党领导下的多党合作与政治协商，即它与中国国民党革命委员会（简称“民革”）、中国民主同盟（简称“民盟”）、中国民主建国会（简称“民建”）、中国民主促进会（简称“民进”）、中国农工民主党（简称“农工党”）、中国致公党（简称“致公党”）、九三学社、台湾民主自治同盟（简称“台盟”）等八个民主党派的合作与政治协商。

这种有中国特色的社会主义政党制度大致包括以下内容：

第一，中国共产党是社会主义事业的领导核心，民主党派在各自纲领中都承认中国共产党的领导。中国共产党的领导，主要是政治上的领导，也就是政治原则、政治方向和重大决策的领导，这是多党合作的基础。

共同合作的各民主党派在组织上是独立的，法律地位也是平等的。共产党和民主党派都必须以宪法为根本活动准则，同样享受宪法规定的权利，履行宪法规定的义务。共产党与民主党派是不同性质的组织机构，不存在上下级之间的行政隶属关系，组织系统上也没有领导与被领导的关系。所以，共产党不能对民主党派发号施令，只能采取平等的、同志间协商问题的态度来阐述自己的意见，用摆事实、讲道理的方式说明自己的决策。

第二，中国共产党是执政党，民主党派是参政党。执政党的主张变成国家意志必须通过法定程序，并通过党组织的活动和党员的模范表率作用，使党的路线、方针、政策成为广大人民群众的实际行动。参政党参加国家政权，参与国家事务的管理，参与国家法律、法规、政策的制定执行。中国共产党执政、民主党派参政的体制，不同于传统上的联合政府。

资本主义国家的联合政府都是政党之间的合作，即参加政府的组成人员都是以各政党的名义参加政府的。我国的人民代表是按地区选的，而不是以党派分配席位，人民代表大会内也没有党团设置。各级人大常委会和行政机构、司法机构主要组成人员名单，一般是由共产党与民主党派人士协商后共同提出。这种国家政权中超越政党的合作，是具有中国特色的。

第三，中国共产党与民主党派是团结合作的友党关系，而不是互相之争的在朝与在野、执政党与反对党的关系。

在社会主义时期，实现社会主义现代化，建设富强、民主、文明的社会主义国家，统一祖国，振兴中华，都是共产党和民主党派的共同奋斗目标。在实现这些共同目标的前提下，在认识上和具体利益上可能存在分歧和差异，但这种分歧和差异完全可以在互相信任、彼此尊重的基础上通过坦诚的交流与沟通，最后取得一致。这与资本主义国家的政党关系是根本不同的。

新中国成立以来，共产党领导的多党合作在实践中采取过许多形式。例如在人民代表大会和政治协商会议中参政议政，在行政机关和司法机关中合作共事，举行双周座谈会，举行最高国务会议，举行中国共产党同民主党派、党外人士协商座谈会等。中国人民政治协商会议本来是共产党领导的爱国统一战线的组织形式，但共产党又通过它实现同民主党派进行合作的政治协商，因而它又成为共产党领导的多党合作的政治协商的基本组织形式。

中国共产党领导的多党合作和政治协商制度的优越性，主要表现在：

第一，有利于加强和改善共产党的领导。实行这一制度，可以充分发挥民主党派的纽带作用，有利于对各民主党派所联系的那些人加强思想工作，宣传贯彻党的路线、方针和政策，同时便于了解他们的特殊利益和要求，解决他们的困难，从而密切党同这部分人的联系，有利于加强和改善党的领导。

第二，有利于建设和发展社会主义民主。充分发动广大人民群众管理国家事务和社会事务，是发展社会主义民主的基本条件。各民主党派以参政党的身份参与对国家大政方针的政治协商和对国家事务的民主监督，在各个领域与共产党合作共事，可以更好地实现人民当家做主，推进国家政治生活民主化。

第三，有利于维护社会的长期稳定。在共产党领导的多党合作体制下，国家大政方针由共产党提出，民主党派也可以提出政策性的意见，在民主协商后取得一致意见，这有利于保持政策的稳定性和连贯性，为社会稳定提供可靠的保障。

第四，有利于调动各方面的积极性，推进社会主义现代化建设。各民主党派所联系的那部分社会主义劳动者和爱国者，绝大多数是知识分子，具有强烈的爱国心和事业心，有为祖国建设效力的强烈愿望。他们还联系不少台港澳同胞、海外侨胞，这为扩大对外开放，进行国际经济技术文化交流，创造了有利条件。因此，多党合作可以把这方面人才的积极性调动起来，发挥他们的聪明才智，推动社会主义现代化建设。

第五，有利于“一国两制”的进展，实现祖国的和平统一。各民主党派利用自身所具有的广泛的海内外联系的优势，通过各种渠道和方式，更多地宣传祖国的建设成就，增进祖国大陆和台港澳之间的了解，促进经济技术交流，为扩大爱国统一战线，实现祖国统一大业，作出重要贡献。

民族区域自治制度

实行民族区域自治，是我国国家结构形式的一大特色，也是我国的一项基本政治制度。民族区域自治理论，是马克思主义国家学说与民族理论同中国具体国情相结合的产物，是毛泽东思想的重要组成部分。

实行民族区域自治制度，是符合我国历史发展的实际和中国各民族人民共同利益的。主要因为：第一，我国是一个团结合作的统一的多民族国家。在我国 960 万平方公里的国土上，除了居住着人数众多的汉族外，还聚居着 55 个少数兄弟民族。在长期的历史发展中，各民族之间很早就有经济和文化的联系，各民族交错聚居和大杂居小聚居，共同创造了祖国的历史和文化，形成了各民族团结合作的统一的祖国大家庭。第二，有爱国主义传统，形成了血肉不可分的整体。近代以来我国各民族都是被压迫的民族，有着共同的命运和遭遇。帝国主义、封建主义和官僚资本主义，是各民族的共同敌人，各民族在斗争中建立了亲密关系，形成了血肉不可分的整体。第三，中国共产党的正确的民族政策，为各族人民团结合作，建立统一的、民族平等的祖国大家庭奠定了基本格局。

中国共产党成立后，为解决民族问题进行了不懈努力。1938 年，毛泽东在中共六届六中全会上提出，各少数民族与汉族有平等的权利，有管理自己事务的权利，与汉族联合共同建立统一的国家。1941 年，民族区域自治首次以法律形式正式载入《陕甘宁边区施政纲领》。1945 年召开的中共七大宣布：允许各少数民族有民族自治的权利。1949 年 9

月，中国人民政治协商会议通过的《共同纲领》明确规定，我们国家解决民族问题的基本政策，是实行民族区域自治。根据《共同纲领》，1952 年我国颁布《中华人民共和国民族区域自治实施纲要》，着重规定了各少数民族在政治上的平等权利和自治权利。1954 年，中华人民共和国第一部宪法正式把民族区域自治作为国家的一项基本政治制度确定下来。

所谓民族区域自治，就是在中华人民共和国之内，在中国共产党和中央人民政府统一领导下，遵循宪法的规定，以少数民族聚居为基础，实行区域自治，建立自治机关，行使自治权。民族区域自治制度的主要特点是：第一，民族区域自治是在国家统一领导下实行的。各民族自治的地方，都是社会主义祖国不可分割的一部分，不允许任何一个民族自治地方脱离国家的统一领导。民族自治地方没有分离权，不能背离国家的统一。第二，在少数民族聚居区实行自治。民族区域自治是少数民族聚居的地方实行区域自治，但它不是各少数民族以民族为单位进行“自治”，也不同于一般的“地方自治”，而是区域自治与民族自治相结合。第三，民族区域自治地方的政权机关，是少数民族实行区域自治的自治机关，同时又是国家的一级地方政权机关。所以，它既行使同一级地方国家机关的职权，也行使自治权。

民族区域自治制度的优越性，主要表现为：第一，有助于少数民族在与汉族形成平等的民族关系的基础上，实现当家做主。第二，有助于民族自治地方从本地实际出发，制定具体政策，调动本民族的积极性，促进民族地区的经济发展和社会进步。第三，有助于国家通过宏观调控，在政治、经济、文化、财政等方面给少数民族以全面帮助，使少数民族自治地域的经济文化协调发展，实现国家的富强和各民族的共同繁荣。

实行民族区域自治，完全符合祖国统一和民族平等的原则，也完全符合各族人民的迫切需要和共同愿望。1947 年 5 月，中国共产党领导和帮助内蒙古人民建立了内蒙古自治区。新中国成立后，1955 年成立了新疆维吾尔自治区，1958 年成立了广西壮族自治区和宁夏回族自治区，1965 年西藏自治区也宣告成立。到 1990 年底，我国已建立了 159 个民族自治地方，包括 5 个自治区、30 个自治州、124 个自治县（旗）。这 159 个民族自治地方面积占我国国土的 64%，实行民族区域自治的少数民族已达 45 个，实行自治的民族人口占少数民族人口的 80%。

总之，我国民族区域自治制度的实施，为各民族之间建立平等、协商、互助的民族关系提供了条件，推动了民族自治地方在政治、经济、文化等方面的巨大进步，大大增强了中华民族的凝聚力和向心力。这与当今世界上许多国家和地区因民族矛盾而频频引发流血冲突和局部战争的事实，形成了鲜明的对照。

三、社会主义文化建设

随着经济建设的高潮的到来，不可避免地将要出现一个文化建设的高潮。中国人被人认为不文明的时代已经过去了，我们将以一个具有高度文化的民族出现于世界。

——毛泽东

关于文化、教育工作的基本方针

1956年4月，毛泽东在中共中央政治局扩大会议上提出，“百花齐放，百家争鸣”应该成为我们文化工作的方针，艺术问题上要百花齐放，学术问题上要百家争鸣。1957年2月，他在《关于正确处理人民内部矛盾的问题》中进一步强调：百花齐放、百家争鸣的方针，是促进艺术发展和科学进步的方针，是促进我国的社会主义文化繁荣的方针。他还对这一方针作了具体说明，指出：艺术上不同的形式和风格可以自由发展，科学上不同的学派可以自由争论。利用行政力量，强制推行一种风格，一种学派，禁止另一种风格，另一种学派，会有害于艺术和科学的发展。艺术和科学中的是非问题，应当通过艺术界、科学界的自由讨论去解决，通过艺术和科学的实践去解决，而不应当采取简单的方法去解决。总之，“百花齐放，百家争鸣”是一个长期性的方针，是正确处理人民内部矛盾的方针，是发展社会主义科学文化的方针。

如何继承历史文化遗产和对待外国文化？毛泽东在1956年8月同音乐工作者谈话中阐明，对待古今中外一切文化成果采取“古为今用，洋为中用”的方针。

“古为今用”，是对待历史和传统文化的正确方针。毛泽东指出，历史总是要受到重视的，对待传统文化要作具体分析，要把封建主义的东西与非封建主义的东西区别开来，要把封建主义发生、发展和灭亡时期的文化区别开来，应当批判地利用封建主义文化，应当吸取其精华，剔除其糟粕，发展社会主义新文化。

“洋为中用”，是对待外国文化的正确方针。毛泽东指出，近代文化，外国比我们高，要承认这一点，我们要学习外国的好东西。中国的和外国的要有机地结合，而不是套用外国的东西。文化上对外国的东西一概排斥，或者全盘吸收，都是错误的。向古人学习是为了现在的活人，向外国人学习是为了今天的中国人。

总之，应该学习外国的长处，来整理中国的、创造出中国自己的有独特的民族风格的东西，以发展中国的新文化。

教育是提高国民文化素质，培养造就大批专门人才特别是科技人才的基础。中共八大指出，文化教育在整个社会主义建设中占有重要地位，必须大力发展文化教育事业，特别是高等教育和中等教育事业，必须用极大的努力有计划地、有步骤地扫除文盲和普及小学义务教育，并在职工和机关工作人员中进行适合需要的文化教育和技术、业务教育。毛泽东在《关于正确处理人民内部矛盾的问题》中明确提出了我国的教育方针：“我们的教育方针，应该使受教育者在德育、智育、体育几个方面都得到发展，成为有社会主义觉悟的有文化的劳动者。”毛泽东还提出了教育必须为无产阶级服务，必须同生产劳动相结合的办学思路，主张劳动人民知识化，知识分子劳动化。刘少奇提出实行“两种劳动制度、两种教育制度”，一种是全日制的教育制度、全日制的劳动制度；一种是半日制的教育制度、半日制的劳动制度即半工半读，其精神是要使教育制度同劳动制度紧密结合，克服长期以来教育制度同劳动制度相脱离的弊端。周恩来、邓小平主张实行“一要普及，二要提高”的办学方针，做到在普及基础上的提高和提高基础上的普及相结合。

关于思想政治和思想道德建设工作

思想政治工作是一切工作的生命线，这是中国共产党长期革命和建设中形成的一条主要原则。加强思想政治工作，是中国共产党的优良传统，也是中国共产党的政治优势。

在社会主义革命和社会主义建设时期，以毛泽东为代表的中国共产党人非常重视思想政治工作，曾经作出过许多重要指示，其主要精神有：

第一，论述了思想政治工作的极端重要性，即起“保证”作用和“服务”作用。毛泽东指出：政治工作是一切经济工作的生命线；思想和政治是统帅，是灵魂。思想工作和政治工作，是完成经济工作和技术工作的保证，它们是为经济基础服务的。

思想政治工作之所以起“保证”和“服务”作用，主要因为：其一，思想政治工作是经济工作和其他一切工作沿着社会主义方向不断前进的重要保证。如果思想政治工作稍微一放松，经济工作和技术工作就一定会走到邪路上去。其二，思想政治工作重在提高人民群众的思想政治觉悟，增强主人翁的责任感，发挥首创精神，是不断提高劳动生产率的重要保证。其三，思想政治工作以正确处理人民内部矛盾为主题，坚持实事求是、群众路线的方法，保证国家的经济建设和各项事业有一个安定团结的良好政治环境。

第二，提出要高度重视以社会主义、马克思主义的思想武装知识分子和人民群众。毛泽东强调，广大党员和干部要牢固树立全心全意为人民服务的思想，保持艰苦奋斗的本色，保持过去革命战争时期的那么一股劲，那么一股热情，那么一股拼命精神，把革命工作做到底。他希望广大知识分子和青年学生努力学习，除了学习专业以外，还要学习马克思主义和时事政治，在思想上要有所进步，政治上也要有所进步，要又红又专。并严肃指出，没有正确的政治观点，就等于没有灵魂。

第三，强调思想政治工作各个部门都要负责任。他说：思想政治工作共产党应该管，青年团应该管，政府主管部门应该管，学校的校长和教师更应该管。总之，思想政治工作各个部门都要负责任。他强调各级领导要注意改进和完善思想政治工作的方法。他主持制定的工作方法“六十条”等文件中，强调各级领导干部要实事求是，大兴调查研究之风，要以普通劳动者的姿态出现，要有平等观念，严于律己，宽以待人，以及力戒浮夸和形式主义等，对加强和改善领导工作，改进工作方法，提高思想政治水平，都有借鉴作用和指导意义。

毛泽东非常重视社会主义道德建设。他认为道德教育应从青少年抓起，强调用共产主义的情操和风格去武装人们。具体来讲，毛泽东强调四个“提倡”：第一，提倡学习白求恩毫无自私自利之心的精神。他说：只要有这点精神，就是一个高尚的人，一个纯粹的人，一个有道德的人，一个脱离了低级趣味的人，一个有益于人民的人。第二，提倡学习张思德为人民服务的精神。他说：张思德是为人民利益而死的，他的死是比泰山还要重的，要学习他全心全意为人民服务的人生观。这就是全心全意为人民服务，一切从人民的利益出发，坚持以革命利益为第一生命，一贯地有利于广大群众，一贯地有利于青年，一贯地有利于革命。第三，提倡遵守社会公德。1949 年 9 月，他为《新华日报》创刊号题词：“爱祖国、爱人民、爱劳动、爱护公共财物为全体国民的公德。”在此基础上，他后来加上“爱科学”，发展成为中华人民共和国全体国民的“五爱”公德。第四，提倡坚持政治道德。他说：要有“坚定正确的政治方向”，这是不可动摇的，要有“富贵不能淫，贫贱不能移，威武不能屈”的骨气来坚持这个方向。这样的公德，才是真正的政治道德。

关于科学技术工作

以毛泽东为代表的中国共产党人高度重视科学技术的地位和作用，明确提出了实现四个现代化，“关键在于实现科学技术的现代化”的思想。毛泽东指出，科学技术这一仗一定要打好，而且必须打好。因为“不搞科学技术，生产力无法提高”。周恩来也说：把我国建设成为一个社会主义强国，关键在于实现科学技术的现代化。特别是1956年初，周恩来在《关于知识分子问题的报告》中，对加快发展我国科学技术的极端重要性作了全面的论述。其主要精神是：

第一，社会主义更加需要发展科学技术。周恩来指出，建设社会主义，归根到底是为了最大限度地满足整个社会日益增长的物质和文化的需要。因此，社会主义时代比以前任何时代都需要更加充分地提高生产技术，更充分地发展科学和利用科学知识。

第二，我国科学技术的落后状况，决定了必须加快科学技术的发展步伐。周恩来指出：世界科学技术在最近几十年中有了特别巨大的进步，人类正处于新的科技革命和工业革命的前夕，而我国的科学技术却十分落后。因此，我们必须急起直追，尽可能地迅速扩大和提高我国的科学技术水平。

第三，科学技术是关系我国国防、经济和文化等各方面的决定性的因素。只有掌握最先进的科学技术，我们才能有巩固的国防和强大的经济力量，在与资本主义国家竞争中取胜，打赢可能出现的反侵略战争。

1956年中共中央召开的全国知识分子工作会议上，毛泽东、周恩来等号召全党全国人民“向科学进军”，大搞技术革命，并提出了分步骤分阶段缩小与世界发达国家先进科学技术水平的差距，赶超世界先进科学技术水平的思路。60年代初，又制定了重点发展、迎头赶上的科学发展战略。其基本精神是：尽量瞄准当代世界的新兴科学和技术，尽量采用世界先进技术，加快我国科学技术发展步伐，迎头赶上世界先进水平。

关于知识分子工作

以毛泽东为代表的中国共产党人历来重视知识的力量和知识分子的作用。他们从中国半殖民地半封建社会的国情出发，认为中国知识分子不是一个独立的社会阶级，他们中除了极少数依附帝国主义、封建主义和官僚资本主义并为其服务外，绝大多数是遭受三大敌人压迫的，是爱国的；在中国民主革命运动中，知识分子是首先觉悟的分子，他们中的一部分人，在长期反帝反封建的革命斗争中起着先锋和桥梁作用。“没有知识分子的参加，革命的胜利是不可能的”。因此，中国共产党大量吸收知识分子参加军队工作、政府工作和社会工作，并放心地任用和提拔他们。

在社会主义建设时期，党更加重视和充分发挥知识分子作用。1956年1月，中共中央召开知识分子工作会议，专门讨论如何团结知识分子，发挥知识分子的作用问题。毛泽东、周恩来等党和国家领导人，对知识分子工作多次作出了重要的指示。其主要精神是：

第一，造就宏大的工人阶级知识分子队伍，是社会主义建设事业的需要。1956 年毛泽东指出，现在叫技术革命和文化革命，革愚昧无知的命，没有知识分子是不行的，单靠老粗是不行的。中国应该有大批知识分子。1957 年他又指出：为了建成社会主义，工人阶级必须有自己的技术干部队伍，必须有自己的教授、教员、科学家、新闻记者、文学家、艺术家和马克思主义理论家的队伍。这是一个宏大的队伍，人少了是不成的。在这个工人阶级知识分子宏大队伍没有造成以前，工人阶级的革命事业是不会充分巩固的，社会主义是不能建成的。

第二，制定党对知识分子的正确政策，是发挥知识分子作用的保证。1956 年在上海召开的知识分子工作会议上，周恩来所作的《关于知识分子问题的报告》及 1962 年在广州召开的科学工作会议、戏剧创作会议上，周恩来作的《论知识分子问题》的讲话，代表中共中央全面地阐述了社会主义建设时期对待知识分子的方针和政策。其基本思想是：首先，明确指出我国知识分子的大多数已经成为工人阶级的一部分。因此，社会主义时期的广大知识分子同广大工人、农民一样，都是社会主义事业的依靠力量。其次，要加强和改善党对知识分子和科学文化的领导工作，善于团结广大知识分子，切实帮助他们解决各种必须解决的问题，使他们得以发挥自己的聪明才智，以便更好地为社会主义建设事业服务。最后，党的各级领导部门要组织和指导知识分子学习马克思列宁主义和时事政治，帮助他们逐步树立科学的世界观和人生观，成为坚持为社会主义奋斗的红色专家。

第三，对知识分子提出“又红又专”的要求。毛泽东对中国知识分子提出了殷切的希望：“又红又专”。所谓“红”，是指知识分子的政治品质和道德品质。政治立场是政治品质中最重要的内容。在社会主义建设时期，坚持四项基本原则，是社会主义的基本觉悟。要达到“红”的标准，就必须要有坚定正确的政治方向，要全心全意为人民服务，要正确处理国家、集体与个人利益的关系，要有实干精神和实事求是的态度。所谓“专”，是指知识分子的业务知识和一定的工作能力。在社会主义建设时期，为了发展生产力，建设社会主义强国，就需要知识和能力，这是必备的基本要求。要达到“专”的标准，就必须要有见识，有预见性，有辨别能力；要有比较全面的知识，要向实践学习，向工农群众学习；要有创造能力和从事实际工作与解决问题的能力。总之，“又红又专”，就是要做到“政治和经济的统一，政治和技术的统一。”

上述毛泽东、周恩来等关于知识分子的重要指示中，其中最重要的是党的正确的知识分子政策。我国长期革命和建设实践证明：凡是党的知识分子政策得到正确执行时，知识分子就能较好地发挥作用，革命和建设事业就兴旺发达；凡是党的知识分子政策受到干扰破坏时，知识分子就受到排斥、打击和迫害，革命和建设事业就遭到挫折。这是我国在知识分子工作中所获得的重要经验教训。

四、毛泽东对中国社会主义建设道路探索的意义和局限

探索中国社会主义建设道路的重大意义

在毛泽东的倡导和带领下，中国共产党掀起了以苏联经验为鉴戒，探索中国自己的建

设道路的热潮，取得了重大成就和重要理论成果。

第一，它标志着中国共产党人开始摆脱苏联模式，独立自主地探索一条适合中国国情的社会主义建设道路。以毛泽东为代表的中国共产党人以极大的理论勇气和开拓进取的创新精神，在中国社会主义条件下，坚持把马克思主义基本原理与中国建设实际相结合，开始了探索中国自己的社会主义建设道路的艰难历程。尽管在这一历程中犯过错误，有过曲折，甚至遭受过失败，但毕竟是探索中国自己的社会主义建设道路、建设有中国特色社会主义的伟大开端。

第二，这一探索中形成的一些正确的和比较正确的理论观点和方针政策，是被实践证明了的关于中国社会主义建设的正确的理论原则和经验总结。它以新的内容丰富了毛泽东思想宝库，成为毛泽东思想的重要组成部分。在它的指导下，我国的社会主义建设取得了很大的成就。正如邓小平 1979 年所说：三十年来，我们毕竟在工农业和科学技术方面打下了一个初步的基础，有了一个向四个现代化前进的阵地。这些被实践证明是正确的理论观点和方针政策，对我国的社会主义现代化建设也必将起着长远的指导作用。

第三，这一探索为中共十一届三中全会后逐步形成的中国特色社会主义理论体系提供了重要的思想材料，为建设有中国特色的社会主义道路的开辟积累了宝贵的经验。探索中提出来的许多正确的和比较正确的理论原则和经验总结，为中国特色社会主义理论体系所继承、所发展，成为中国特色社会主义理论体系的重要思想来源，成为中国特色社会主义理论体系的重要组成部分。而探索中的曲折经历，也从正反两个方面为十一届三中全会后建设有中国特色社会主义道路的开辟提供了极为宝贵的经验教训。正如邓小平指出的：从许多方面来说，现在我们还是把毛泽东已经提出、但没有做的事情做起来，把他反对错了的改正过来，把他没有做好的事情做好。今后相当长的时期，还是做这件事。当然，我们也有发展，而且还要继续发展。

总之，毛泽东作为中国社会主义建设道路探索的开创者的历史功绩，应当用最浓的笔墨记载在史册上。

探索中国社会主义建设道路中存在的历史局限

毛泽东率先探索中国自己的社会主义建设道路，不可避免地存在着历史的局限。主要是：第一，这一探索从总体上说，还没有摆脱苏联模式。毛泽东探索中国社会主义建设道路，历经艰苦的努力，付出了巨大的心血，取得了不少成果，但却先后犯了包括“大跃进”运动和“文化大革命”在内的严重错误，使探索走上了歧途。第二，探索中所取得的一些正确的理论成果，由于种种原因而未能在实践中坚持下来，有的还出现了严重背离。第三，这一探索中存在的错误倾向逐步发展，最后导致“文化大革命”这样长时间的全面性的“左”倾错误的发生。

毛泽东在探索中国社会主义建设道路中出现的这些严重失误的原因，是多方面的，其中包括缺乏社会主义建设的经验，对社会主义建设的长期性、艰巨性和复杂性缺乏充分的思想理论准备，民主集中制和集体领导原则遭到破坏，等等。但是，最根本的原因，则在于当时对“什么是社会主义，如何建设社会主义”这个重大的理论和实践问题，没有完全搞清楚，思想认识不是完全清醒的。

第三节 执政条件下党的建设

一、执政党自身建设问题的提出

> 没有中国共产党的努力，没有中国共产党人做中国人民的中流砥柱，中国的独立和解放是不可能的，中国的工业化和农业近代化也是不可能的。
>
> ——毛泽东

毛泽东等对党执政掌权的思考

1949年10月1日中华人民共和国成立，中国共产党成为全国范围内的执政党。党怎样执政掌权呢？早在抗日战争后期，毛泽东等同志就已开始了认真的思考。1944年3月，历史学家郭沫若在重庆《新华日报》发表了史论著作《甲申三百年祭》。这篇文章总结了明朝李自成所领导的农民起义从胜利走向失败的历史教训。毛泽东非常赞赏这篇文章，认为它的内容对已经取得很大胜利的中国共产党有着特殊的意义，指示延安《解放日报》全文转载，并把它当做整风学习的重要文件。

1945年7月4日，民主人士黄炎培同毛泽东谈话时说：一人，一家，一团体，一地方，乃至一国，总有一种历史周期率的支配。真所谓"其兴也浡焉，其亡也忽焉"。一部历史，"政怠宦成"的也有，"人亡政息"的也有，"求荣取辱"的也有，总之没有能够跳出这个周期率。他希望"中共诸君"能够找到一条新路，跳出这个周期率的支配。听了黄炎培这番见解后，毛泽东对他说：我们已经找到了新路，我们能够跳出这个周期率。这条新路，就是民主。只有让人民起来监督政府，政府才不敢松懈。只有人人起来负责，才不会人亡政息。

1948年12月14日，刘少奇在对中共中央高级党校马列学院第一班学员的讲话中指出：我们打倒蒋介石、打倒旧政权后，要领导全国人民组织国家，如果搞不好，别人也可能推翻我们的。有些人担心，我们未得天下时艰苦奋斗，得天下后可能同国民党一样腐化。他们这种担心有点理由。因为，在中国这个落后的农业大国，一个村长，一个县委书记，可以称王称霸。胜利后，一定会有些人腐化、官僚化。如果我们党注意到这一方面，加强思想教育，提高纪律性，就会好一些。

1949年3月，毛泽东准备离开西柏坡赴北平，他对周围工作人员说：同志们，我们就要进北平了。我们进北平，可不是李自成进北平，他们进了北平就变了。我们共产党人进北平，是要继续革命，建设社会主义，直到实现共产主义。他还兴奋地对周恩来说：今天是进京的日子，不睡觉也高兴啊。今天是进京"赶考"嘛。进京"赶考"去，精神不好怎么行呀？周恩来笑着说：我们当然都能考试及格，不要退回来。毛泽东满怀信心地说：我们决不当李自成，我们都希望考个好成绩。

中共七届二中全会首次提出了执政党的建设问题

1949年3月，在河北省平山县西柏坡召开了中共中央七届二中全会。会议不仅着重讨论和解决了怎样迅速夺取中国革命胜利的问题，而且首次明确提出了执政党的建设问题。毛泽东在会上作了重要报告，全会根据毛泽东的报告通过了相应的决议。决议为执政党的建设指明了方向。

第一，阐述了党的工作重心由乡村转移到城市，为执政党建设提供了客观的依据。无产阶级政党在执政条件下，怎样继续搞好党的自身建设，这对中国共产党来说是一个全新的课题。毛泽东在报告中精辟地阐述了这个问题，他说：从现在起，开始了由城市到乡村并由城市领导乡村的时期。党的工作重心由乡村转移到了城市，党必须用极大的努力去学会管理城市和建设城市。由于城市工作的重心是恢复和发展生产，因此，党的组织工作、政权机关工作等，都是围绕着生产建设这一中心工作并为这个中心工作服务的。党的工作重心的转移，是抓好执政党建设的重要依据。

第二，提出了学习生产技术、学习生产管理方法等新任务，为执政党的自身建设提出了新的内容。毛泽东指出：革命胜利后，要想稳固地维持政权，就必须改善工人生活，并使一般人民生活有所改善。而要做到这一点，党就必须用极大努力去学习生产的技术和管理生产的方法，必须学习同生产有密切联系的商业工作、银行工作和其他工作。同时，党还必须根据阶级斗争形势的新变化，学会在城市中向帝国主义、国民党、资产阶级作政治、经济和文化的斗争，并向帝国主义作外交斗争。既要学会向他们作公开的斗争，又要学会向他们作隐蔽的斗争。新的任务为执政党的建设提出了新的内容。

第三，强调务必防止产生骄傲情绪和防止破坏党的优良传统和作风，为执政党的思想建设和作风建设指明了方向。毛泽东指出：因为胜利，党内的骄傲情绪，以功臣自居的情绪，停顿起来不求进步的情绪，贪图享乐不愿再过艰苦生活的情绪，可能生长。因为胜利，资产阶级也会来捧场。敌人的武力是不能征服我们的，资产阶级的捧场则可能征服我们队伍中的意志薄弱者。可能有这样一些共产党员，他们是不曾被拿枪的敌人征服过的，他们在这些敌人面前不愧英雄的称号，但是经不起人们用糖衣裹着的炮弹的攻击，他们在糖弹面前要打败仗。所以，全党必须预防这种情况发生，应当清醒地认识到，争取全国胜利，只是“万里长征走完了第一步”，未来的路还很长，工作更伟大，任务更艰巨，因此“务必使同志们继续地保持谦虚、谨慎、不骄、不躁的作风，务必使同志们继续地保持艰苦奋斗的作风。”全会根据毛泽东的建议，提出了六条措施：（1）不给党的领导者祝寿；（2）不送礼；（3）少敬酒；（4）少拍掌；（5）不用党的领导者的名字作地名、街名和企业的名字；（6）不要把中国同志和马、恩、列、斯并列。这些重要思想和措施，为党执政后的思想建设和作风建设指明了方向。

二、加强执政党建设的历史经验

可能有这样一些共产党人，他们是不曾被拿枪的敌人征服过的，他们在这些敌人面前不愧英雄的称号；但是经不起人们用糖衣裹着的炮弹的攻击，他们在糖弹面前要打败仗。我们必须预防这种情况。

——毛泽东

在社会主义革命和建设时期，以毛泽东为核心的第一代领导集体，非常重视加强执政党的建设，创造出许多宝贵的历史经验，主要有：

第一，注重马克思主义理论学习，用无产阶级的世界观武装全党。我们党从领导革命到领导建设，从战争环境到和平环境，从被压迫地位到执政地位，始终坚持要求全党学习马列主义、毛泽东思想，用无产阶级世界观武装全党。这是党加强自身建设的优良传统，也是加强执政党建设的重要经验之一。

为了更好地对全党进行马列主义、毛泽东思想教育，提高全党的思想理论水平，中共中央成立了《毛泽东选集》出版委员会，并于1951年10月、1952年4月、1953年4月和1966年7月相继出版了《毛泽东选集》第一、二、三、四卷，在全国掀起了学习毛泽东著作的热潮。同时，决定成立马克思、恩格斯、列宁、斯大林著作编译局，有计划地、系统地翻译出版马恩列斯的全部著作。

第二，坚持为人民服务的根本宗旨，保持党的优良作风。1956年11月，邓小平会见国际青年代表团时说：中国共产党党员的含意或任务，如果用概括的语言来说，只有两句话：全心全意为人民服务，一切以人民利益为每一个党员的最高准绳。坚持全心全意为人民服务的宗旨，是与保持党的优良作风紧密相连的，是通过党的优良作风来体现出来的。因此，在执政条件下，党中央和毛泽东等同志非常重视对党员的优良作风的教育，特别是进行反对官僚主义和反对贪污腐化的教育。

1950年下半年开展的整风运动，1951年夏到1954年春开展的整党运动，1957年下半年开展的整风运动等，对官僚主义、主观主义、宗派主义及贪污腐化等不良现象进行了深入的揭露和批判，使广大干部受到了深刻的教育。

第三，接受党内和党外的双重监督，为人民掌好权、用好权。1956年9月，邓小平在中共八大《关于修改党的章程的报告》中强调指出：中国共产党是执政党，面临着来自两个方面的考验。即一方面，执政党的地位，很容易使我们的同志沾染上官僚主义的习气；另一方面，执政党的地位，还容易使我们同志身上滋长着骄傲自满的情绪。因此，我们要实行党的内部的监督，人民群众的监督和党外人士的监督。无论党内的监督和党外的监督，其关键都在于发展党和国家的民主生活，发扬我们党的优良传统。1957年4月，邓小平在西安干部会上强调指出：在中国来说，谁有资格犯大错误？就是中国共产党。犯了错误影响也是大。因此，党应该特别警惕，要不断地克服主观主义、官僚主义、宗派主义，要接受党的监督、群众的监督、民主党派和无党派人士的监督。只有这样，我们党才能为人民掌好权、用好权，才能顺利地领导国家的建设。

第四，维护党的团结和统一，严格贯彻党的民主集中制。党内的团结问题，是党的最基本的问题之一。1953年，党内发生了高岗（时任中共中央政治局委员、中央人民政府副主席、国家计划委员会主席）和饶漱石（时任中共中央委员、中共中央组织部部长、中央人民政府委员）分裂党、篡夺党和国家最高权力的阴谋事件。为了解决这一事件，以维护党的团结统一，1954年2月，党在北京召开了七届四中全会。刘少奇在会上作了《为增强党的团结而斗争》的报告。全会一致通过了根据毛泽东的建议及刘少奇报告的精神起草的《关于增强党的团结的决议》。该决议着重强调了党的团结的重要性，郑重指出：全党同志都应认识，党的团结是党的生命，是马克思列宁主义的基本原则，破坏党的团结就是违反马克思列宁主义的基本原则，就是帮助敌人来危害党的生命。党的高级负责干部的团结，尤其是决定革命胜利的最主要的关键。1956 年 9 月，邓小平在《关于修改党的章程的报告》中进一步指出，党的团结和统一是党的建设的最重要的问题之一。这不但是我们党的利益，也是全国人民的利益。为了增强党的团结和统一，党必须严格地贯彻执行民主集中制，加强党的集体领导，反对把党的领袖神化。1962 年 1 月至2 月，刘少奇在扩大的中央工作会议（即“七千人大会”）上说：无产阶级的民主集中制，是在高度民主基础上的高度集中和在高度集中指导下的高度民主。它是社会主义政治、经济、文化方面的根本制度。没有这种民主集中制，就不能建设社会主义。

第五，努力培养和造就无产阶级革命事业接班人。新中国成立后，特别是自 50 年代中期起，由于帝国主义加强对社会主义国家推行“和平演变”战略，由于国际共产主义运动内部发生重大问题，以及由于我国社会主义建设也遇到许多严重问题等，因而促使毛泽东等老一辈无产阶级革命家，开始较多地认真考虑如何在新的斗争形势下，培养和造就无产阶级革命事业接班人。

1964 年 6 月 16 日，毛泽东在北京十三陵召开的关于讨论两种劳动制度、两种教育制度的会议上发表了重要谈话。其中之一就是关于接班人的问题。他指出：培养无产阶级革命事业接班人的问题，是关系到我们党和国家命运的生死存亡的极其重大的问题，是无产阶级革命事业的百年大计、千年大计、万年大计。他又指出：帝国主义的预言家们根据苏联的变化，也把“和平演变”的希望，寄托在中国党的第三代第四代身上，我们一定要使帝国主义的这种预言彻底破产。我们一定要从上到下地、普遍地、经常不断地注意培养和造就革命事业接班人。并且他提出了无产阶级革命事业接班人的基本条件：其一，必须是真正的马克思列宁主义者；其二，必须是全心全意为中国和世界的绝大多数人服务的革命者；其三，必须是能够团结大多数人一道工作的无产阶级革命家；其四，必须是党的民主集中制的模范执行者；其五，必须是谦虚谨慎，戒骄戒躁，富于自我批评精神，勇于改正自己工作中的缺点和错误的政治家。

虽然，50 年代中期以后，毛泽东等同志在领导我国进行社会主义革命和社会主义建设的过程中，犯了严重的“左”倾错误，但上述关于加强执政党建设的思想和经验，对于保持执政党的先进性，巩固执政党的地位，都具有长远的指导意义。

本章复习要点

1. 在一个经济、文化比较落后的东方大国，如何建设社会主义，是以毛泽东为代表的中国共产党人所面临的一个全新问题。我国从 1953 年开始的国家第一个五年计划建设，基本上采用了“苏联模式”。随后，苏联模式的弊端日益显露，并不完全适合中国的国情；我们党领导经济建设方面积累了经验；社会主义改造基本完成后，我国即将进入全面的建设社会主义的新时期。正是在这种情况下，1956 年 4 月，毛泽东发表了《论十大关系》，提出了以苏联为鉴戒，开始探索适合中国国情的社会主义建设道路，并取得了一系列的积极成果。邓小平说，《论十大关系》这篇文章太重要了，对当前和今后都有很大的针对性和指导意义。

2. 1957年2月，毛泽东发表了《关于正确处理人民内部矛盾的问题》的讲话，系统地阐述了社会主义社会的基本矛盾学说和两类社会矛盾学说，揭示了社会主义社会发展的规律，为社会主义的改革和建设提供了理论的依据，并以完整的理论形态，独创性的内容，丰富了马克思主义的理论宝库。

3. 在探索中国社会主义建设道路中，我国的经济建设、政治建设和文化建设取得了很大的成就，在工农业和科学技术方面打下了初步基础，有了一个向四个现代化前进的阵地。当然，在这一探索中仍然存在着历史的局限，还没有摆脱苏联模式，并犯了“文化大革命”的严重错误，使探索走上了歧途。但是，它毕竟是良好的开端，并取得了重要的理论成果，为中国特色社会主义理论体系的形成奠定了坚实的理论基础。

4. 1949年10月1日中华人民共和国成立，中国共产党成为全国范围内的执政党。怎样为全国人民执政掌权？这是对中国共产党的严峻考验。早在1949年3月召开的党的七届二中全会上，毛泽东首次明确地提出了执政党的建设问题，为加强执政党的建设指明了方向。以毛泽东为核心的第一代领导集体根据社会主义革命和建设的实践经验，提出的加强执政党建设的思想和经验，对于保持执政党的先进性，巩固执政党的历史地位，具有长远的指导意义。

思考题

1. 1956年上半年毛泽东提出以苏联为鉴戒，走自己的建设社会主义道路的原因是什么？《论十大关系》的基本内容和意义是什么？

2. 社会主义社会的基本矛盾学说和两类社会矛盾学说的基本内容及其意义是什么？

3. 毛泽东关于中国工业化道路思想的基本内容是什么？其意义何在？

4. 人民代表大会制度为什么是我国的根本制度？它的鲜明的特点和优点是什么？

5. 中共七届二中全会提出加强执政党建设的基本内容是什么？以毛泽东为核心的第一代领导集体关于加强执政党建设的历史经验是什么？

教师信息反馈表

为了更好地为您服务，提高教学质量，中国人民大学出版社愿意为您提供全面的教学支持，期望与您建立更广泛的合作关系。请您填好下表后以电子邮件或信件的形式反馈给我们。

您使用过或正在使用的我社教材名称		版次	
您希望获得哪些相关教学资料			
您对本书的建议（可附页）			
您的姓名			
您所在的学校、院系			
您所讲授课程的名称			
学生人数			
您的联系地址			
邮政编码		联系电话	
电子邮件（必填）			
您是否为人大社教研网会员	□ 是，会员卡号：________ □ 不是，现在申请		
您在相关专业是否有主编或参编教材意向	□ 是　□ 否 □ 不一定		
您所希望参编或主编的教材的基本情况（包括内容、框架结构、特色等，可附页）			

我们的联系方式：北京市海淀区中关村大街 59 号中国人民大学文化大厦 1508 室
人大出版社教育分社
邮政编码：100872
电　　话：010-62515910
网　　址：http：//www.crup.com.cn/jiaoyu/
E-mail：neokitty@126.com